Loch 19

Gerhard Bungert

Loch 19

Golfer zwischen Lust und Frust

KOSMOS

»Es gibt kein Spiel, bei dem
Frust und Freude so nah sind.«

Franz Beckenbauer

Dieses Buch

ist allen Golferinnen und Golfern gewidmet, die vielleicht niemals ein einstelliges Handicap erreichen werden, die aber dennoch den schönsten Sport der Welt von Herzen lieben, die es immer wieder probieren, besser zu spielen und trotz Fehlschlägen niemals den Mut verlieren, jene, die noch der Natur, der Bewegung und der frischen Luft etwas abgewinnen können, ebenso dem Après-Golf, den kommunikativen, kulturellen und kulinarischen Freuden im 19. Loch sowie den kleinen und großen, wenn auch manchmal zufälligen sportlichen Erfolgen, und denen es ganz einfach Spaß macht, mit anderen netten Menschen gemeinsam etwas für sich selbst zu tun: für Körper, Geist und Seele.

Inhalt

Glossen und Geschichten

Loch 19 14
Golf macht Spaß 19
Golf kostet Geld 24
Wer Golf erfunden hat 28
Dr. Stableford 31
Eigene Golfregeln 36
Der Flight davor, der Flight dahinter 39
Golfer machen eine gute Figur 42
Golf ist sexy 46
Positives Denken 50

Gedichte und Balladen

Ein schönes Spiel 56
Der erste Mensch 57
Die Jeans-Ballade 58
Das Wasserhindernis 62
Auf jeder Runde 64
Der Golfball 66
Der Zeugwart 68
Der Wasserball 73
Der Swinger-Club 74
Auf die Einigkeit 76
Die Siegerehrung 77
Golf im Süden 78
Der Herrentag 80
Das Magazin 82
Das Beinahe-As 84
Das letzte Handicap 85

Golfer testen ihr Wissen

Die zweihundert wichtigsten Golfbegriffe in alphabetischer Reihenfolge – alle mit insgesamt 600 richtigen und falschen Antworten. Die Auflösung finden Sie am Ende des Buches ab Seite 181.

A Adress, Airshot, Albatros, ansprechen, Approach, As, aufteen, auslippen, ausloten, ausrichten 88

B Back nine, Backspin, Backswing, Bag, Ball-Angel, Ball-Marker, bedienen, besser legen, Birdie, Birdie-Maker, Birdie-Pool, Bogey, Break, Brutto, Buggy, Bunker 91

C Caddie, carry, Cart, Chip, Club, Clubfitter, Course, Course-Rating, Cup 95

D dead, Decisions, Divot, Dog-Leg, Draw, Driver, droppen 97

E Eagle, Ehre, Erleichterung, Etikette, Explosionsschlag 98

F Face, Fade, Fairway, Fairwayhölzer, fett getroffen, Flachmann, Flag, Flight, Fore, Free Drop, Front nine. 100

G Gallery, geschlossener Stand, Green-Fee, Green-Keeper, Grip, Grooves, Ground under Repair, Grün lesen. 102

H Handicap, Harke, Hazard, Hole, Honour, Hook, Hosel 106

I Impact, Insert. 107

J Jigger. 108

K Kanonenstart, Kurzes Spiel. 108

L Lady, Ladies-Day, Leaderboard, Lederwedge, Lie, Links, Lob-Wedge, Local Rules, Loch, Loch 19, Loft, Longest Drive, Longhitter 109

M Marker, Marshall, Matchplay, Medal-Play, Mens Day, Monatsteller, Mulligan. 112

N Nearest to the Pin, Netto, No Return 114

O offener Stand, Open, Out of Bounds, Overlapping Grip 115

P PAR, Penalty, PGA, Pin, Pitch, Pitch-Gabel, Pitch-Marke, Pitching-Wedge, Platzerlaubnis, Platzregeln, Platz standard, Playing-Pro, plugged, Preisgeld, Pro, Pro-Shop, Proette, provisorischer Ball, Pull, Punch, Push, Putt, Putter, putten, Putting-Grün 116

R Rabbit, Range-Fee, Recovery-Schlag, Regenazug, Rescue, Rough, Rückschwung, Rules, Runde, Rundenverpflegung, Ryder Cup 121
S Sand-Wedge, Schaft, Schenken, Schirm, Schlägerblatt, Schlägersatz, Schonbereich, Score, Scorekarte, Scramble, Scratch-Player, Semi-Rough, Set of Clubs, Shank, Single, Sky, Slice, Socket, Sole, Spielvorgabe, Spin, square, St. Andrews, Stableford, Stance, SSS, Stammvorgabe, Stand, Starter, Startgeld, Startzeit, Strich, Stroke, Strokeplay, Sweetspot 125
T Teaching-Pro, Tee, Teeing Ground, Tee-Time, Texas-Scramble, Toe, toppen, Treffmoment, Trolley 133
U Ball unspielbar, Handicap unterspielt 135
V Vardon, Vorgabe, Vorgabeklassen, Vorgrün 135
W Waggle, Wasserhindernis, Wedge, Wintergrün 137
Y Yips 138
Z Zähler, Zählspiel, zeitweiliges Wasser, Zocker 138

Briefe an Nichtgolfer

Lieber Adam Riese 142
Lieber Freiherr von Knigge 143
Lieber Immanuel Kant 144
Lieber Sigmund Freud 145
Lieber Albert Einstein 146
Lieber Sepp Herberger 147
Lieber Ephraim Kishon 148
Liebe Alice Schwarzer 149

Golfer von A bis Z

A wie Anfänger ... 152
B wie Besserwisser ... 153
C wie Choleriker ... 154
D wie Draufgänger ... 155
E wie Einzelgänger ... 156
F wie Fanatiker ... 158
G wie Geizhälse ... 159
H wie Hypochonder ... 160
I wie Intellektuelle ... 161
J wie Jugendliche ... 162
K wie Krawallmacher ... 163
L wie Longhitter ... 164
M wie Mathematiker ... 165
N wie Naturliebhaber ... 166
O wie Opas ... 167
P wie Pros ... 168
Q wie Quertreiber ... 169
R wie Reporter ... 170
S wie Stänkerer ... 171
T wie Theoretiker ... 172
U wie Umweltbewusste ... 173
V wie Verlierer ... 174
W wie Weitgereiste ... 176
X wie Xanthippen ... 177
Y wie Yipser ... 178
Z wie Zocker ... 179

Glossen und Geschichten

Loch 19

Das Clubhaus ist der Ort, wo wir nach der Runde unsere Wunden lecken. Das Ergebnis ist mitgeteilt, das Bag ist verstaut, die Bestellung ist aufgegeben. Und dann geschieht etwas, was wir aus dem Alltag kennen, allerdings in komprimierter und lächerlicher Form: Wir erzählen – und niemand hört zu.

Jeder hat so um die hundert Mal auf den Ball geschlagen. Die einen mehr, die anderen weniger. Da gab es Katastrophen wie bei Anfängern, sehr viel Durchschnittliches, aber auch Schläge wie bei Profis. Die Mischung kennen alle, ob sie gerade die Platzreife erworben haben oder sich mit Handicap 0 schmücken dürfen. Die Unterschiede liegen in der Menge der guten Schläge. Und von diesen muss man erzählen, unabhängig von der Zahl. Selbstverständlich auch von den Gurken, die man sich mal wieder geleistet hat. Aber wem soll man, verdammt noch mal, darüber berichten? Nichtgolfer, also Ungläubige, interessiert es einen feuchten Kehricht, ob wir an Loch 13 ins Aus geschlagen haben oder an Loch 17 aus dem Bunker heraus drei Zentimeter neben das Loch. Und die Golfer, die haben genug mit sich selbst zu tun. Die können auch gar nicht zuhören, weil sie erzählen müssen.

Wenn wir von der Runde kommen, dann sind wir noch voller Eindrücke und Erlebnisse. Und die müssen raus, sonst gibt es emotionale und intellektuelle Blähungen. Also sucht man nach Opfern, und dann geht es los:

»An der 17 wollte ich mit dem Driver schlagen, auf einmal ...«

Allzu lange kann man jedoch die Erzählung nicht hinausdehnen, denn bereits nach wenigen Takten entwickelt sich das System der golferischen Stichwortrhetorik. Das heißt: Der Zuhörer wartet auf ein Stichwort, um ausgehend davon seine eigene Story loszuwerden:

»An der 17 schlage ich immer mit Hölzchen 5 ab, allerdings das letzte Mal ins Wasser.«

Ein anderer hört »Wasser« und erzählt davon, dass er mal an der 5 über das Wasser geschlagen habe und der Ball so unglücklich zurückgerollt sei ...

Und sofort wird er unterbrochen:

»Das hatte ich auch mal, aber ich habe trotz Droppen immerhin noch einen Bogey gespielt.«

Ein weiterer Golfer hört »Bogey« und meint, dass auf der 11 für ihn ein Bogey genau so wertvoll sei wie ein PAR auf der 8 – und erntet dabei nicht nur Beifall, sondern auch den Hinweis, dass das Rough auf der 8 so unmöglich sei, dass man selbst mit einem kurzen Eisen nicht rauskommen könne.

»Mit dem Wedge geht das immer«, meint ein anderer und erzählt davon, dass er ein neues zu Weihnachten bekommen habe. Damit könne er sogar an dem kurzen PAR 3 abschlagen, allerdings gehe der Ball doch etwas nach rechts.

»Wie ich mit dem Driver auf dem Loch 17«, sagt jener, der mit der Diskussion angefangen hat. Somit schließt sich der Kreis.

Die golferische Stichwortrhetorik hat ihre Heimat bei Loch 19 – bei einem Bier und vielleicht auch einem kleinen Imbiss. Aber der muss nicht unbedingt sein. Fünf Bier sind ja auch schon eine Mahlzeit. Allerdings hat man dann noch nichts dabei getrunken.

Dann beginnt auch oft das Jammern. Man muss ja schließlich die Erniedrigungen verkraften. Die meisten Golfer machen das so: Wenn sie gut gespielt haben, dann ist Golf für sie ein Sport. Ist der Score nicht so gut, dann ist es ein Spiel. Haben sie ausgesprochen schlecht gespielt, dann loben sie das Wetter, die frische Luft und manchmal sogar die gute Stimmung im Flight. Allerdings nur, wenn man den anderen nicht die Schuld an den Fehlschlägen zuschieben will. Als Kommentar zum schlechten Score reicht meistens ein enttäuschter Gesichtsausdruck in Verbindung mit dem Satz-Fragment »Das kurze Spiel«.

Nehmen wir einmal meinen Freund Helmut. Er ist aus dem Saarland, kann also genießen, er lacht viel und spielt – zumindest im Vergleich zu mir – sehr gut Golf. Ich habe viel von ihm gelernt, vor allem über die Bedeutung des kurzen Spiels. Da ist er ein Meister. Von ihm habe ich noch keinen langen Putt gesehen, weil er seine Annäherungsschläge immer neben die Fahne legt. Und wie er dann durch den Ball schlägt ... einfach himmlisch. Dabei ist er äußerst regelfest. Andererseits ist er aber auch nicht immer in der Lage, seine pädagogischen Ambitionen in Sachen Golf zu unterdrücken. Und das ist gut so. Manchmal.

Nach einer äußerst bescheidenen Golfrunde meinerseits stellte er mir ein paar Zahlen zur Verfügung. Danach setzt sich eine Golfrunde zusammen aus:

- 43 % Putten
- 20 % Chippen und Pitchen
- 5 % Befreiungsschlägen, z. B. aus dem Bunker
- 25 % Schlägen mit Hölzern
- 7 % mit mittleren und langen Eisen.

Ein Golfer mit einem noch hohen Handicap führt auf einer Runde durchschnittlich 15 Abschläge mit dem Driver aus. Auf den Grüns und dem Vorgrün braucht er je Loch zwei bis dreimal den Putter. Wir kommen dann auf die Zahl von ungefähr 45. Den Putter braucht er also dreimal so oft wie den Driver.

Helmut brachte es im Clubhaus auf den Punkt: »Ich war schon auf vielen Golfplätzen. Überall eine lange Reihe von starken Männern auf der Driving Range«, – und dann kommt eine drastische Handbewegung – »mit solchen Eutern«. Damit meint er den Stolz aller Golfer, den möglichst dicken Schlägerkopf des Drivers, des Lieblings aller »Over-driver«. Helmut ergänzt: »Und auf dem Putting-Grün: kein Aas.«

Die Frage stellt sich: Warum ist das so? Bisher habe ich dafür folgende Antworten gefunden:

Golf definiert sich nun mal durch den Swing am Tee. Ein Abschlag mit dem Driver ist für einen »richtigen Mann« so etwas wie der Schlag eines kanadischen Holzfällers mit einer überdimensionierten Axt gegen einen Mammut-Baum. Wie anders ist es zu erklären, dass ein Abschlag von über 200 Metern manche stolz macht, selbst wenn er auf einer anderen Bahn landet.

Wie lächerlich hingegen wirkt da ein Golfer, der seinen Putter umklammert, als wolle er den Griff melken! Und dann noch in X-Bein-Position dasteht wie jemand, der die Toilette nicht findet. Und schließlich – trotz geringer Distanz – vorbeiputtet! Wie demütigend ist es doch, wenn wir selbst auf einen Meter Entfernung das Loch nicht finden! Vielleicht erklären sich dadurch auch die albernen pseudo-eleganten Verrenkungen mancher Golfer nach dem allerletzten kurzen Putt. Dadurch will man die erniedrigende Situation kompensieren.

Das Problem vieler Golfer: Sie haben kein mentales Problem, wie sie immer behaupten. Sie haben ein dentales. Sie haben zu viel Biss. Das muss man aber auch verstehen. Es ist doch einfach faszinierend, wenn Bälle fliegen. Wenn möglich sogar weit und gerade. Es erstaunt uns wohl

selbst, was wir bei einem langen Abschlag so hinkriegen. Ein Triathlon von Kugelstoßen, Hammer- und Speerwerfen würde – im Vergleich zu unseren Abschlägen – nur eine lächerliche Länge zustande bringen.

Übrigens: Mein Freund Helmut hat zu Weihnachten von seiner Frau ein wunderschönes Geschenk bekommen: einen Satz neuer Schläger. Was tut man mit Weihnachtsgeschenken? – Man freut sich darüber wie ein Kind und spielt mit ihnen, und wenn es im Wohnzimmer ist und der weite Schwung den Tannenbaum ernsthaft gefährdet. Das machte auch Helmut. Über einen Schläger freute er sich besonders – wie ein Schneekönig. Richtig! Über den Driver.

Das kann ich sehr gut nachvollziehen. Denn ein Abschlag mit dem Driver ist für einen »richtigen Mann« ... Aber das mit dem kanadischen Holzfäller hatten wir ja schon. Kehren wir lieber zurück ins Clubhaus. Dort gibt es Bier und deutsches Kommunikationsverhalten im Quadrat. Manchmal auch Visitenkarten. Die schönste für Loch 19 hat Helmut. Auf die Rückseite hat er folgenden Text drucken lassen:

»Die Schilderung Ihrer Golfrunde hat mich zutiefst erschüttert. Noch nie zuvor habe ich von einem derart unglaublichen Missgeschick auf einem Golfplatz gehört. Bitte nehmen Sie den Ausdruck meines tiefsten Mitgefühls entgegen.«

Golf macht Spaß

Viele Nicht-Golfer sehen oft nur den gepflegten Rasen und die alberne Verkleidung. Tiger Woods kennen sie aus dem Fernsehen, und was ein »As« bzw. ein »Hole-in-one« ist, das wissen sie alle, selbst wenn sie diesen absoluten Glücksfall ungeschickt beschreiben und das Wort suchen müssen. Aber Golf scheint ein Zeitvertreib zu sein. Kein richtiger Sport. Da sind sie sich einig. Golf hat nun mal dieses Image des Versnobten, und wir alle wissen, dass nichts stabiler ist als ein Vorurteil. Doch Golf ist nicht mehr »le plus chic«.

Keine andere Sportart hat solche Zuwachsraten wie Golf. Die Zahl der Golfer dürfte sich in den letzten 50 Jahren in Deutschland weitaus mehr als verzehnfacht haben, und diese Entwicklung ist noch lange nicht abgeschlossen.

Wir Golfer tun viel für diese negativen Vorurteile gegenüber unserem Sport. Während der Golfsport immer populärer und somit der Hauch des Exklusiven immer schwächer wird, scheint es bei der politischen Elite so etwas wie eine Doppelmoral in Sachen Golf zu geben. »Über Golf redet man nicht, Golf spielt man.« Das ist wohl die Devise vieler Politiker, vor allem, wenn sie in Talk-Shows rumsitzen. Einer der ersten, die sich offensiv als Golfer outeten, war ausgerechnet Jochen Steffen, »Kuddel Schnööf«, der langjährige Schleswig-Holsteinische SPD-Vorsitzende, ein engagierter Soziologe und ein intellektuelles Urgestein, der sich sogar zum fortschrittlichen Flügel seiner Partei zählte.

Die meisten aller Politiker halten es aber mit der Devise: Wasser predigen und Wein trinken. In der Öffentlichkeit essen sie Würstchen, wenn sie unter sich sind Châteaubriand, als Gäste in Fernsehsendungen unterstützen sie klatschend die Frage, ob denn der alte Holzmichel noch lebe, zu Hause hören sie Chopin, auf dem Fußballplatz schreien sie für ihren Club, aber am Tag danach spielen sie Golf. Nichts gegen Würstchen (wobei damit nicht die Politiker gemeint sind), nichts gegen Volksmusik und Bundesliga, aber ein bisschen mehr Ehrlichkeit würde auch der notleidenden Akzeptanz der Politiker bei der Bevölkerung nicht schaden.

Wir Golfer gehen oft in die Defensive, wenn wir auf unseren Sport angesprochen werden. Wir rechtfertigen uns mit Ausreden, zum Beispiel:

– Auf dem Golfplatz lernt man wichtige Leute kennen. Das ist gut für das Geschäft.
– Man bewegt sich an der frischen Luft. Mein Arzt hat mir gesagt, dass sei gut für die Gesundheit.
– Golfer sind in netter Gesellschaft. Beim Spielen und auch danach findet man Freunde.

Der zweite und der dritte Punkt stimmen. Sie gelten allerdings für viele Freizeitbeschäftigungen. Der erste Punkt stimmt aber nur mit ganz großen Einschränkungen. Denn auf dem Golfplatz zählen in erster Linie Abschläge und Putten, nicht so sehr das Konto in der Schweiz, das Diplom in England und der Verdienstorden in Baden-Württemberg.

Vorurteile haben aber eine längere Haltbarkeit als Früchte-Joghurt. Ich hatte sie selbst, weil ich nicht vergessen wollte, wo ich herkomme und auch niemals die Bodenhaftung verlieren wollte. Wenn auf irgendeiner Gesellschaft plötzlich ein Pulk versnobtes Volk auftauchte – gestylt und behangen, geliftet und geziert – war ich immer schnell bereit zu sagen: »Jetzt kommen die Proleten vom Golf-Club«. Und fühlte mich dabei witzig und volkstümlich zugleich. Selbst wenn diese armen Menschen mit Golfen überhaupt nichts am Hut hatten. Obwohl ich damals von Golf etwa so viel wusste wie über das Paarungsverhalten des südamerikanischen Borkenkäfers.

Mittlerweile weiß ich es besser: Auf dem Golfplatz bilden nicht die Snobs die Mehrheit, sondern die soliden mittelständischen Berufe. Nicht wenige sind Senioren, die ihren mühevoll aufgebauten Betrieb verkauft oder vererbt haben und sich jetzt einen Lebensabend gönnen, von dem sie immer geträumt haben. Ihr knappstes Gut war immer die Zeit gewesen.

Golf ist jetzt bei ihnen beliebt, obwohl das ökonomische Prinzip auf den Kopf gestellt wird. Nehmen wir mal an, das Green-Fee für einen Platz (die Benutzungsgebühr also für eine Runde) kostet 80 €. Der Spitzenspieler, der nur 80 Schläge braucht, zahlt also pro Schlag 1 €. Ein durchschnittlicher Spieler mit 100 Schlägen bezahlt zwar auch 80 €, bei ihm kostet aber jeder Schlag nur 80 Cent.

Aber man trifft auch aktive Menschen, die voll im Business stehen. Sie absolvieren auf dem Golfplatz ihr Methadon-Programm für Workaholics. Einerseits haben sie nicht selten ein Zeitproblem, andererseits aber auch eine gute Ausrede, warum das Handicap nicht so ist, wie es sein könnte. In den USA heißt es, man könne an der Höhe des Handicaps sehen, wie viele Stunden der Golfer noch in der Firma sei. Das verstehe ich nicht ganz, denn welcher erfolgreiche Jungmanager oder Handwerker, welche Ärztin oder Modeberaterin kann sich eine 35-Stunden-Woche und ein Handicap von 35 leisten?

Trotz des »Mittelstandsbauches« ist die berufliche Zusammensetzung der Golfgemeinden alles andere als homogen. Ich habe schon mit einer rheinischen Ernährungsberaterin gespielt, einem österreichischen Berufscatcher und einem Londoner Taxifahrer, mit einem pfälzischen Metzger, einem südfranzösischen Winzer und einem Schweizer Koch, mit einem hessischen Medizinprofessor, einem Hamburger Golfprofi und einem schwäbischen Piloten. Da geht es, zumindest was die Berufe betrifft, drunter und drüber.

Worüber ich mich besonders freue, das sind die ganz Kurzen, die Kinder. In meiner südfranzösischen Heimat blockieren sie jeden Mittwochnachmittag die gesamte Driving Range. Die jüngsten der Jungen und Mädchen sind sechs Jahre alt, und der Pro kümmert sich rührend um die Golf-Eleven. Es ist eine Wonne, sie zu beobachten, wenn sie unbeschwert mit ihrem Mini-Driver durch die Luft schlagen, mit ihrem Eisen den Ball nach vorne treiben und dann, mehr oder weniger konzentriert, aber meistens gut, ins Loch putten. Sie fühlen sich bestimmt nicht als Snobs. Aus Prestigegründen werden sie später nicht die Mitgliedschaft im Golf-Club beantragen.

Wenn man erst mal angefangen hat, dann lässt einen Golf nicht mehr los. Das ist auch nicht anders, als bei anderen Dingen, die Spaß machen. Vergessen sind die Vorurteile, wenn man den Golf-Gegnern ein Eisen 7 in die Hand gibt und wenn diese dann die ersten Golfstunden nehmen. Irgendwann trifft man sie im Club, und sie erzählen mit strahlenden Augen von ihrem ersten Birdie, von den netten Flight-Partnern und dem geplanten Golf-Urlaub an der Algarve.

Dennoch bleiben die Banausen. Kein Golf-Club kann sie sich vom Leib halten. Sie sind schrecklich. Ich mache einen großen Bogen um sie. Aber sie sind, nach meiner Erfahrung, eindeutig in der Minderheit. Außerdem habe ich mir sagen lassen, dass man diese Typen auch beim Tennis und Reiten, beim Segeln und im Wintersport findet. Eine weitere Aufzählung würde den Rahmen dieses Buches sprengen.

Für alle, die noch nie einen Driver in den Händen hielten, sollte ich auch dieses Geständnis ablegen: Wir spielen Golf nicht nur, weil die Bälle so schön fliegen und wir daran schuld sind. Die Freude beginnt schon vorher. Wie tut es doch der Seele so gut, wenn wir unsere Ausreden austauschen können. So was verbindet. Und wie gut hat es letzte Woche geklappt mit dem kurzen Spiel! Und jetzt! Eine einzige Katastrophe! Jeder kennt das. Und dann passiert das Wunder: ein Schlag, den selbst Tiger Woods nicht besser hätte platzieren können! Und unserer Psyche geht es wieder gut. Selbst bei Anfängern oder mittelmäßigen Golfern wie mir kommt das vor. Aber leider viel zu selten.

Irgendwie ist das auch schön: Einerseits sind wir auf der Runde allein – mit unserer Aufgabenstellung, unserem Schläger und unserem Ball. Keiner hilft uns. Wir müssen das allein hinkriegen. Andererseits sind wir nicht einsam, denn unsere Flight-Partner sind mit uns. Und ihnen geht es genauso. Da gibt es keine Häme und nur äußerst selten ironische Bemerkungen. Jeder hat schon mal in den Boden oder über den Ball gehauen, und jeder kennt das demütigende Gefühl, wenn ein Putt von 30 Zentimetern danebengeht. Selbst die ganz großen Profis. Dieses gegenseitige Mitfühlen führt sogar dazu, dass wir den Gedemütigten in seiner Ausrede bestätigen, obwohl wir diese als solche erkannt haben. Irgendwann kriegen wir diese Rücksichtname zurück. Aber die muss nicht unbedingt motivieren. Sie kann sogar stören. Ich schlage mit dem Driver ab, der Ball fliegt nicht allzu hoch, aber gerade und weit. Während meine Flight-Partner mich von Herzen loben, keimt in mir die Vermutung, dass mein Ball im Bunker landet. Ich höre nur »toll« und »prima«, und dann hoppelt das kleine weiße Biest in jenes Hindernis, aus dem ich immer gut herauskomme – mit dem zweiten Schlag. Fazit: »Man soll den Schlag nicht vor dem Bunker loben.«

Noch nerviger ist die Suche nach dem eigenen Ball, wenn es heißt: »Ich bin baff, mein Ball im Rough.« Irgendwo hat er sich versteckt – im Gras, hinter Bäumen, in Gestrüpp und Büschen. Sofort will ich – wie es die Regel empfiehlt – einen provisorischen Ball schlagen, dann sagt ein Flight-Partner hoffnungsvoll zu mir: »Den finden wir!« Die erste Zeit hatte ich ihm geglaubt. Ich wusste noch nicht, dass er mich damit trösten wollte. Dann begann die Suche, und die war erfolglos. Ich musste wieder zurück. Dadurch nervte ich mich und den wartenden Flight hinter uns. Mittlerweile weiß ich, dass eine erfolglose Ballsuche immer mit dem Satz eines Mitgolfers beginnt, welcher da lautet: »Den finden wir!« Irgendwie sind diese Verhaltensweisen ja gut gemeint. Andererseits strotzt die gesamte Weltgeschichte von Leuten, die es wirklich gut meinten und dadurch auch wirkliche Katastrophen anrichteten. Auch solche gibt es auf dem Golfplatz.

Und was machen wir mit einem, der sich nicht diesem Anspruch an sozialer Zärtlichkeit anpasst und den Flight stört? – Dann nutzen wir ihn aus und machen ihn zum Lieferanten für unsere eigenen Ausreden. Er war und ist schuld an unserem schlechten Score. Klar! Wer denn sonst? Denn so etwas nervt.

Auf der Runde bestätigen wir uns immer wieder gegenseitig, oft sogar gleichzeitig. Aber das stört uns auch nicht. Auch so schwebt über dem Fairway eine Wolke von gegenseitigem Verständnis – aufgebaut aus Ausreden und Erinnerungen an gute Schläge. Und so geht das über 18 Löcher und findet seine Fortsetzung im Clubhaus. Das tut der Seele gut. Und wem haben wir das zu verdanken? Unserer folgenschweren Entscheidung, es doch mal zu probieren auf dem gepflegten Rasen und mit der albernen Verkleidung.

Golf kostet Geld

In meiner Stammkneipe in Südfrankreich verkehren keine Golfer. Dort trinken Bauarbeiter und Kfz-Mechaniker ihren Ricard. Auf dem Platz davor klacken die Boule-Kugeln, und drinnen spielt man am Sonntagnachmittag Bingo.

In meiner Kneipe steht man meistens an der Theke, und da läuft ständig der Fernseher. Er bietet den akustischen Background für leidenschaftliche Diskussionen – nicht über Gott, sondern über die Welt und deren Probleme. Rustikale Lösungen werden schnell gefunden, wie an deutschen Stammtischen. Meine Kneipe ist nichts für Snobs, denn da tobt der Alltag. Da gibt es auch keinen Aschenbecher. Da fliegen immer noch die Kippen der Gitanes und Gauloises auf den Boden.

Und dann passiert es: Ich parke meinen Allrad vor der Eingangstür, und alle Kumpane können sehen, wie ich mein Golfbag herauswuchte und in die Wohnung trage.

Fünf Minuten später wird es ruhig an der Theke. Henry zapft mir ein großes Bier, und Jean, der Kfzler, fasst sich ein Herz. Er beugt sich zu mir rüber und reduziert seine Lautstärke. Was er schon immer fragen wollte: Er habe mal gehört, Golf sei die teuerste Art spazieren zu gehen.

Ich gebe ihm selbstverständlich Recht, weil das stimmt und originell formuliert ist. Und dann hakt er nach: Ob das wirklich so teuer sei, das Golfen. Zum Glück war ich auf diese Frage vorbereitet. Ich zeigte auf seine Zigarettenschachtel und sagte: »Fast so teuer wie Rauchen!« Dann wechselten wir das Thema.

Klar! Golfspielen ist teuer. Man braucht eine Ausrüstung, in vielen Vereinen muss man eine beachtliche Aufnahmegebühr bezahlen und dann kommt noch der Jahresbeitrag. Teuer zu stehen kommt einen auch das – durchaus verzichtbare – Drum und Dran wie Golf-Reisen, teure Golf-Klamotten und ständig die neuesten Schläger. Aber das alles ist kein Muss.

Es geht auch billiger. In meinem Golf-Club in Südfrankreich musste ich zum Beispiel überhaupt keine Aufnahmegebühr zahlen. Das ist selten, aber das gibt es. Und der Jahresbeitrag ist dreistellig. Die Ausrüstung allerdings bekommt man nicht geschenkt. Aber auch da muss es nicht die teuerste sein. Allerdings auch nicht die billigste. Denn das kommt einem bekanntlich teuer zu stehen.

Der englische Sozialkritiker John Ruskin brachte es bereits im 19. Jahrhundert auf den Punkt:

»Es ist unklug, zu viel zu bezahlen, aber es ist auch unklug zu wenig zu bezahlen. Wenn Sie zu viel bezahlen, verlieren Sie etwas Geld, das ist alles. Wenn Sie dagegen zu wenig bezahlen, verlieren Sie manchmal alles, da der gekaufte Gegenstand die ihm zugedachte Aufgabe nicht erfüllen kann. Das Gesetz der Wirtschaft verbietet es, für wenig Geld viel Wert zu erhalten. Nehmen Sie das niedrigste Angebot an, müssen Sie für das Risiko, das Sie eingehen, etwas hinzurechnen. Wenn Sie dies tun, dann haben Sie auch genug Geld, um für etwas Besseres mehr zu bezahlen.«

Das klingt logisch, und das stimmt auch, vor allem, wenn es um die Golfausrüstung geht. Am besten, man lässt sich von kompetenter Seite beraten und kauft nicht drauflos, und ein Jahr später wandert alles in die Ecke, weil man neues Gerät braucht.

Dennoch: Golf als Hobby kann man sich als Hartz-IV-Empfänger oder kleiner Rentner nur in den seltensten Fällen leisten. Das hängt nicht etwa am Snobismus der Golfer, sondern an der Tatsache, dass man für diesen Sport fast einen Quadratkilometer Fläche braucht, die tagtäglich gepflegt werden muss. Das kostet bis zu einer Million Euro pro Jahr. Bei den Fußballvereinen sind Land, Stadt und Gemeinde oft beim Bau oder der Unterhaltung der Stadien behilflich. Die Innenminister stellen den Vereinen nicht die Polizeieinsätze in Rechnung und die Verkehrsminister nicht die Zuwegung. Würde die öffentliche Hand ähnlich mit den Golfplätzen umgehen, wäre das Golfen wesentlich billiger und noch populärer. Und weil dem nicht so ist, teilt der Golfsport das Schicksal mit anderen Freizeitvergnügen. Gehen Sie doch mal in ein Sportgeschäft und schauen sich die Preise an! Selbst Wandern und Radfahren kann einen teuer zu stehen kommen. Von Oldtimern und wechselnden Freundinnen ganz zu schweigen.

Golf kostet aber vor allem Zeit. Ich frage mich manchmal: Was machten die Leute, die man heute auf dem Golfplatz findet, in jenen Zeiten, als Golf noch nicht so populär war? – Sie langweilten sich, ärgerten ihre jeweiligen Ehepartner und schauten in die Fernseh-Röhre. Während ihres Urlaubs standen sie stundenlang an der Bar. Aber das machen wir Golfer jetzt noch zusätzlich – nach jeder Golfrunde im Clubhaus. Und dort reden wir miteinander. Über Golf. Denn bei uns steht Golf an allerersterer Stelle in der Kommunikations-Hitparade. Noch vor dem Wetter und den kleinen

Wehwehchen. Die Gemeinsamkeiten mit beiden anderen Themen: Man kann mitreden, unabhängig von Geschlecht, Bildung, Geld und Alter, von Religion, Parteienpräferenz und anderen weltanschaulichen Ambitionen. Und: Es gibt sie fast immer, das Wetter, die kleinen Krankheiten und ... Golf.

Es ist nun mal so: Wenn man erst einmal mit dem Golfen angefangen hat, dann ist das Thema Nummer eins nicht mehr das klassische Thema Nummer eins, sondern das Golfen. Falls der Partner nicht mitmacht, dann wird es allerdings schwierig. Auch nicht automatisch und immer. Ich kenne Paare, bei denen funktioniert die Mischehe hervorragend. Während der Mann versucht, beim Schlagen den Kopf unten zu lassen, kümmert sich seine Frau um die richtigen Pastelltöne für mediterrane Aquarelle. Ein anderer puttet und chippt in Marokko, und seine Frau wandert derzeit durch die Pyrenäen. Das scheint auch gut zu funktionieren. Umgekehrte Beispiele, dass Frauen golfen, während sich die Männer anderen Dingen hingeben, gibt es auch in meinem Bekanntenkreis, aber nicht allzu viele.

Dafür kenne ich das Phänomen der Halbherzigkeit, des »Half-Golf«: Der Mann golft, als ginge es um etwas, und fährt ständig das Bag seiner Partnerin durch die Gegend, in der vergeblichen Hoffnung, dass sie es ihm gleichtut. Mal spielt sie mit, aber nicht immer. Bei der 9 oder bei den ersten Regentropfen hört sie beleidigt und zumeist sprachlos auf, und als Entschuldigung bemüht sie die beliebtesten medizinischen Ausreden: Muskelprobleme, zum Beispiel den Golfarm *Epicondylitis medialis humeri*, oder den Verdauungstrakt. Damit schont sie gleichermaßen ihre fast nagelneuen Schläger und ihr Handicap über 30, allerdings nicht das Nervenkostüm ihres Ehemannes und das ihrer Mitmenschen.

Ein weiteres Problem für den Anfänger: Der Freundes- und Bekanntenkreis wird total durcheinandergewirbelt. Man muss ab jetzt genau aufpassen, wen man einlädt, mit wem man etwas unternimmt. Ein gemeinsamer Urlaub eines Golf spielenden Ehepaars mit einem andern ist etwa so schwierig wie eine gemeinsame Reise mit einem konservativen Metzger-Ehepaar mit zwei grünen Vegetariern.

In meiner neuen, südfranzösischen Heimat haben wir einen kleinen kreativen Koch-Club gegründet, dem selbstverständlich auch die Mitglieder unserer Golfrunde angehören. Aber nicht nur sie! Wir halten aber beides streng auseinander, denn unseren nicht golfenden Freunden ist unser nicht enden wollendes Gelaber über die Wichtigkeit des kurzen Spiels und den Zustand der Grüns nicht zuzumuten. Ein paar Minuten geht das gut, aber dann wird es peinlich. Dieses neue Händeln des sozialen Umfeldes ist nicht immer einfach, aber mit etwas Kreativität und Kommunikationsdisziplin kriegt man das hin.

Golfer reden eben sehr gerne über Golf. Das kann ich nicht ändern, also mache ich das Beste draus: Ich benutze diese Tatsache, um mir äußerst unsympathische Nicht-Golfer vom Hals zu halten. Damit keine Missverständnisse entstehen: Ich kenne sehr viele nette Menschen, die kein Golf spielen. Das ist klar. Hier geht es um jene Gruppe von Menschen, die kein Golf spielen und die ich, aus ganz anderen Gründen, einfach nicht mag. Wenn sie mich ärgern, dann gehe ich zum Gegenangriff über. Manchmal helfen mir dabei meine Golf-Freunde. Wir fangen sofort ein Gespräch an über das Beinahe-As vor drei Jahren in Gran Canaria, über den Slice mit dem neuen Driver aus den USA und über die Schwierigkeiten mit dem neuen Pro. Der Fiesling hört ein paar Minuten zu, probiert vergebens, uns mit einer unqualifizierten Bemerkung ins Wort zu fallen, sucht dann nach Worten und anschließend das Weite. Wir Golfer atmen auf, denn wir sind wieder unter uns.

Haben Sie keine Helfer und müssen Sie allein mit einem solchen Menschen fertig werden, dann erklären Sie ihm, wie Stableford funktioniert. Das wirkt auf ihn so, als würden Sie ihm die Stellung des Personalpronomens in der japanischen Grammatik erklären oder über den möglichen Einfluss der späten Scholastik auf das Denken der Junghegelianer philosophieren. Er wird nichts, aber auch gar nichts verstehen. Allerdings auch nicht, dass Golf Spaß macht.

Wer Golf erfunden hat

Darüber streiten sich die Gelehrten. Bis vor kurzem lautete die am ehesten akzeptierte Vermutung folgendermaßen: Im 13. Jahrhundert spielten bereits Holländer »Kolf«, und die Flamen exportierten es als »Chole« nach England. In Schottland wurde Golf dann so populär, dass König James II. Mitte des fünfzehnten Jahrhunderts ein Verbot erließ. Die Golfer sollten lieber Bogenschießen üben, um die gefürchteten Engländer an der Besetzung Schottlands zu hindern. Und jetzt sind es auf einmal die Chinesen. In einer Wanderausstellung über die Freizeitaktivitäten im alten China zeigen sie chinesische Golfer der Ming-Dynastie. Und es soll noch weitere Dokumente geben. Die Schotten reagierten darauf gelassen mit dem Hinweis auf »rudimentäre Varianten eines Stock-Ball-Spieles«, und diese dürfte es bereits in grauer Vorzeit gegeben haben.

Ich stelle mir das folgendermaßen vor: Die ersten Menschen waren Jäger und Sammler. Die Männer rotteten sich jeden Morgen zusammen, um gemeinsam ein Mammut fürs Abendessen zu erlegen. Die Frauen kümmerten sich derweil um die Kinder und verließen ihre Höhlen nur, um Beeren, Kräuter und andere genießbare Naturprodukte zu sammeln. Bereits hier zeigen sich Elemente des Golfens. Wir jagen nach Erfolg und sammeln Punkte, verbinden also männliche und weibliche Berufstraditionen der allerersten Menschen. Zwei Qualifikationen, die bis heute den Golfsport prägen.

Zurück zu unseren Urahnen: Nicht alle Männer kehrten gerne in die heimischen Höhlen zurück. Ein Problem, das sich vor allem dann stellte, wenn sie bereits am Morgen ein Mammut erlegten. Zuerst vertrieben sie die Wölfe und dann sich selbst die Zeit. Aber womit? Da es noch keine Pils-Stuben und auch noch kein Skat gab, sägten sie sich Äste zurecht und versuchten damit möglichst runde Kieselsteine in Mauselöcher zu versenken. Das war gar nicht so einfach, und deshalb machte es Spaß. Das Golfspiel ward erfunden.

Man war im Golfer-Himmel. Aber wie der aussieht, das wissen wir nicht. Wir können es aber ahnen: tolles Wetter, kein Wind, kein lahmer Flight vor uns und keiner, der uns in die Hacken spielt, kerzengerade lange Abschläge, kein Rough, keine Wasserhindernisse und keine Bunker. Dafür präzise Annäherungen und todsichere Putts … Alles easy! Aber mal ehrlich: Das alles mögen Geschenke des Himmels sein, aber ist das noch Golf?

Die Religion sollte man vielleicht doch aus dem Spiel lassen. Zumindest beim Golfen. Sonst könnten merkwürdige Dinge entstehen. Ein Golfer etwa, der nach einem gelungenen Putt seufzend die drei Worte »Gott sei Dank!« haucht, der könnte bei einem regel- und bibelfesten Zähler in den Verdacht geraten, fremde Hilfe, sprich: »etwas nicht zum Spiel Gehörendes«, benutzt zu haben. Was die Regeln bekanntlich verbieten.

Dennoch glaube ich fest daran, dass das Golfspiel aus dem Jenseits gesteuert wird. Wie sonst sollte man verstehen, dass man nach einer Reihe von Fehlschlägen plötzlich einen Fünf-Meter-Putt versenkt. Oder umgekehrt, dass man nach mehreren guten Schlägen auf einmal in die Erde donnert. Irgendjemand scheint aufzupassen, dass beim Golfen die blinden Hühner auch mal ein Korn finden, und dass bei den Helden des Parcours die Bäume nicht in den Himmel wachsen. In dem magischen Dreieck von Körper, Geist und Seele scheint alles möglich zu sein.

Bei aller Historie und Metaphysik: Die Schotten sind und bleiben die Golfer schlechthin. Als Erinnerung an die vermeintlich schottische Erfindung Golf bleibt die Autorität von St. Andrews. Dort fallen die Entscheidungen über die Regeln, und dorthin pilgern Golfer aller Herren Länder, um über den Platz zu wandern. Irgendwie sieht er historisch aus, so als hätte er schon bessere Tage gesehen.

Vielleicht kommen wir dem Geheimnis des Golfs etwas näher, wenn wir uns mal überlegen, wofür die Schotten sonst noch bekannt sind:

- für sehr guten und berauschenden Whisky
- für ihren sprichwörtlichen Geiz
- für ihre albernen Schottenröcke
- für schrecklich monotone Dudelsack-Musik
- für das Ungeheuer von Loch Ness

Irgendwie hat Golf von all dem etwas.

Die Golf-Begriffe kommen in jedem Fall von den Britischen Inseln. Das hat mir mein Freund Arno erklärt. Sie stammen aus der Seefahrt. Der Steuermann musste immer das Schiff in der ruhigen Fahrrinne halten, dem Fairway. Rechts und links davon war die rauhe See, das Rough. Der ungemütlichste Ort auf dem Schiff war das Lager für die Kohle, der Bunker. Wenn die Geschütze donnerten, dann hielten sich die Seeleute die Ohren zu. Die Aufforderung dazu hieß »Fore!« – Spielten sie bei Landgängen Golf, dann entschieden sie sich für den grünen Rasen, der in vielen britischen Gemeinden die Funktion eines Dorfplatzes hatte. Die Dorfbewohner erkannten ihre wirtschaftlichen Chancen und verlangten dafür Geld, das »Green-Fee«.

Dr. Stableford

Die größte Bedeutung in der Golfgeschichte haben sicher die Briten. Schottland hat St. Andrews, den Schutzpatron der Golfer, aber England hatte Stableford. Seinen Spielmodus lieben die Golfer. Nicht alle, aber zumindest jene, denen dieses Buch gewidmet ist. Das Wort »Stableford« gehört zum Grundwortschatz eines jeden Golfers. Sie wissen, was es heißt, wenn ein Turnier »nach Stableford« ausgeschrieben ist: Wir können unser Handicap verbessern, bestätigen oder verschlechtern.

Das Prinzip ist ganz einfach: Anfänger, schlechte und mittelmäßige Golfer erhalten gegenüber den guten einen Vorsprung – damit wir nicht ständig in Depressionen verfallen und den Putter im Bag lassen und ihn nicht ins nächste Wasserhindernis werfen. Spielen wir aber gut, dann verbessern wir unser Handicap. Aber dann schmilzt dieser Vorsprung.

Wie Stableford funktioniert, das lernt man schnell. Woher das Wort kommt, wissen aber nur wenige. Man hätte den Spielmodus ja auch als Golf-Sozialismus bezeichnen können, denn durch Stableford sind wir alle gleich. Allerdings nur in der Netto-Wertung. Das hat man aber nicht getan. Statt dessen ehren wir jenen Mann, der zwar nicht das Golfen erfunden hat, dafür aber den populärsten Spiel-Modus der Welt. In jedem Golf-Lehrbuch ist Stableford erklärt. Über die Person weiß man aber wenig. Fragen Sie mal einen Golfer, woher die Bezeichnung »Stableford« kommt. Die Reaktionen reichen von Schulterzucken bis hin zu kommunikativen Kabinettstückchen, aber richtige Antworten werden Sie nur selten erhalten. Dabei hat Frank Stableford den sozialen Charme des Golfsports enorm bereichert.

Er war wohl eine faszinierende Persönlichkeit: ein großer, distinguierter Herr mit militärischem Schnurrbart, strahlend blauen Augen und buschigen Augenbrauen. Fast eine Karikatur eines englischen Gentlemans, mit einer Extravaganz geschmückt, die man ihm nicht übel nahm, sondern eher bewunderte. Seine beiden Markenzeichen: ein gelber Rolls-Royce und seine gepunktete überdimensionale Fliege.

Geboren wurde Frank Barney Gorton Stableford im Jahr 1870 in Mittel-England. Er studierte in Birmingham und London Medizin und war bereits im Alter von 24 Jahren Chirurg. Das war sein Beruf, aber Golf war seine Leidenschaft. Beides wollte er nicht voneinander trennen. So nutzte er etwa sein medizinisches Wissen, um die Bewegungsabläufe beim Golfen zu erforschen, vor allem die Mechanismen beim Schwung.

Dr. Stableford war von Beruf Militärarzt. Anfang des 20. Jahrhunderts war er im Burenkrieg in Südafrika und nach dessen Ende im Jahr 1903 blieb er noch vier Jahre dort, wahrscheinlich nur, um an seinem Handicap zu arbeiten. Als er zurückkehrte, im Jahre 1907, gewann er die Clubmeisterschaft und erreichte das Halbfinale der Amateur-Meisterschaft von Wales. Sein Handicap: –1.

Im Ersten Weltkrieg war Dr. Stableford Colonel im medizinischen Corps der Königlichen Armee Englands. Seine Einsatzgebiete waren Italien und Malta, wo er ein großes Militär-Hospital leitete. Für seinen besonderen Einsatz erhielt er fünf hohe Kriegsauszeichnungen, aber nach dem Ersten Weltkrieg erhöhte sich sein Handicap auf 3 und schließlich auf 8 im Jahr 1928. Und dann folgte für alle Golfer der Welt das historische Jahr 1931. Dr. Frank Stableford entwickelte das nach ihm benannte System. Am 16. Mai 1932 wurde es in Liverpool zum ersten Mal in seinem Verein gespielt.

Das ist die offizielle Version. Aber mittlerweile hat man herausgefunden, dass diese nicht so ganz richtig ist. Der gute Doktor hatte ein wenig gemogelt. Er hatte die Idee gewissermaßen bei sich selbst geklaut. Denn bereits am 30. September 1898, also 33 Jahre vor der angeblichen Erfindung, fand das erste Stableford-Turnier statt, und zwar in Süd-Wales, in dem damaligen Verein von Frank Stableford. Der damals 28-jährige Chirurg hatte sogar einen speziellen Preis gestiftet für den Sieger nach seinem eigenen System. Dieser erzielte übrigens 42 Punkte. Und das stand schwarz auf weiß in der Presse. Konkret: in der Zeitung von Süd-Wales.

Mittlerweile konkurrieren die Golf-Clubs von Liverpool und Süd-Wales um die Ehre, das erste Stableford-Turnier ausgetragen zu haben. Und einige Golfhistoriker wollen auch herausgefunden haben, dass man noch früher, bereits 1865, ein ähnliches System spielte. Dr. Stableford bestand übrigens bis zu seinem Tode darauf, dass er erst 1931 für seinen Liverpooler Club das System entwickelte.

Die meisten Golfer liebten es von Anfang an. Lediglich eine Minderheit beschimpfte ihn als den »verrückten Doktor«. Aber Mitte der Dreißigerjahre wählte man ihn zum Vorsitzenden seines Liverpooler Vereins. Nicht zuletzt wegen der Erfindung der angeblich neuen Golfregeln.

Und das war sein trauriges Ende: Ende der Fünfzigerjahre verfiel er in tiefe Depressionen. Der Grund: Seine Sehfähigkeit verschlechterte sich, was den 89jährigen aber noch nicht davon abhielt, täglich seine Runde Golf zu spielen. Doch eines Abends im Jahr 1959 ging Dr. Frank Stableford wie gewöhnlich nach der Runde Golf in sein Herrenzimmer, ließ sich in seinem Ledersessel nieder, zündete sich seine Pfeife an, schenkte sich einen Brandy ein, trank ihn genüsslich, nahm sich sein Gewehr und schoss sich in den Kopf.

Wir Golfer sollten das Andenken an diesen Mann in Ehren halten. Durch ihn wurde Golf zu einer sozialen Veranstaltung. Alle können dank Stableford gemeinsam spielen: Jung und Alt sowie gute und weniger gute Golfer, Männlein und Weiblein, Kids und Grufties, selbst Hacker, Einstellige und Golf-Profis. Ohne dass vorher die Sieger feststehen. Wohlgemerkt: bei der Netto-Wertung.

Wer sich nicht auf Stableford berufen darf, das sind die Handicapisten, also jene Golfer, die ausschließlich Golf spielen, um ein gutes Handicap zu haben. Damit degradieren sie unseren Sport zu einem Mittel und machen das Handicap zu einem Zweck. Vielleicht hatte der britische Dramatiker George Bernhard Shaw an die Handicapisten gedacht, als er Golfen als »kapitalistischen Unsinn« bezeichnete.

Manchmal habe ich wirklich den Eindruck, dass einige Golfer ihre Philosophie des Geschäftslebens schematisch aufs Golfen übertragen. Was früher die Produkte und die Service-Leistungen waren, das ist heute für sie das Golfen. Also Mittel zum Zweck, und der Zweck war früher »return of investment«, sprich: Geld. Dem entspricht beim Golfen das Handicap.

Selbstverständlich sind Golfer auch Sportler und wollen ihr Handicap verbessern oder jedenfalls nicht verschlechtern. Aber das darf nicht dazu führen, dass man keine vorgabewirksamen Turniere mehr spielt, um das Handicap zu schonen.

Dabei soll das Handicap einem selbst und den andern lediglich die eigene Spielstärke mitteilen. Es darf nicht besser sein als das eigene sportliche Niveau und auch nicht schlechter. Und je öfter man vorgabewirksam spielt, desto größer ist die Wahrscheinlichkeit, dass beide deckungsgleich sind: das Handicap und die eigene Spielstärke. Das ist logisch, mathematisch sauber und sportlich.

Lasst uns das Golfen genießen! Denn Golf macht wirklich Spaß. Natürlich weiß ich, dass Golf umso mehr Spaß macht, je besser man spielt. Aber ist uns wirklich geholfen, wenn Schein und Sein so weit auseinanderklaffen? Macht es uns wirklich glücklich, wenn wir einem Handicap hinterherrennen, das wir niemals mehr spielen werden?

Stableford war ein Gentleman. Er wollte nicht den Handicap-Schonern helfen. Er hatte nur eins im Sinn, als er das nach ihm benannte System erfand: Er wollte, dass Golf Spaß macht.

Eigene Golfregeln

Die gibt es nicht, denn die Regeln legt St. Andrews fest. Daran hat man sich zu halten. Basta! Und das ist auch gut so. Dennoch gibt es bei Privatrunden einige Besonderheiten, die bei einem offiziellen, sprich: vorgabewirksamen Turnier, eine Todsünde sind: das Schenken und der Mulligan.

Schenken heißt: Man erspart dem Mitspieler, seinen Ball aus einer sehr kurzen Entfernung einzuputten. Das Geschenk ist allerdings keins, denn auch der nicht durchgeführte Schlag zählt als solcher. Allerdings ist das Risiko eliminiert, trotz kurzer Entfernung am Loch vorbeizuputten.

Auf die Frage, ob man seinen letzten Putt geschenkt bekommt, hört man Sätze wie: »Haben wir Weihnachten oder hast du Geburtstag?« Aber selbst an diesen beiden Ehrentagen ist Schenken verboten. Aber was ist, wenn das kleine weiße Ding einen Zentimeter neben dem Loch zu liegen kommt? Einen solchen Ball muss man ganz einfach schenken. Oder? In einer Privatrunde kann man das tun – allerdings auch nicht zu großzügig. Ab 40 Zentimetern wird es bereits kritisch.

Ganz anders bei einem Turnier. Da wird nichts geschenkt. Selbst wenn die Teilnehmer übereinkommen, dass bei einem Abstand von – sagen wir mal – einer Grifflänge des Putters der Ball nicht mehr den Weg ins Loch finden muss.

Das gilt nicht, ist verboten, wird bestraft.

Sicher: Man kann darüber streiten. Aber ich finde, dass diese Regelung nichts mit dem Geist des Golfsportes zu tun hat. Golf muss fair sein, aber es gibt keinen Schiedsrichter. Man zählt und kontrolliert sich gegenseitig. Man spielt letztlich nur gegen sich selbst. Und da müsste eine solche Gentleman-Lösung auch möglich sein. Und für den Spielverlauf beim Golfen ist es sicher von Vorteil, wenn man keine 10-Zentimeter-Putts mehr duldet. Vielleicht sollten sich die Regel-Füchse in St. Andrews ein paar Gedanken darüber machen. Denn: Kleine Geschenke erhalten die Freundschaft. Und um Freundschaft geht es doch auch beim Golfen.

So weit meine Meinung, die ich sogar schriftlich niederlegte. Mit Konsequenzen. Nach einem Turnier in Bad Neuenahr nahm mich zuerst mein Golf-Freund Peter ins Gebet. Dann stellte mein Freund Hugo sein Akkordeon zur Seite und gab Peter argumentativen Feuerschutz. Ob ich schon mal einen kurzen Putt vergeigt habe? Klar! Und dann wollten sie wissen, welches bisher die kürzeste Distanz war, die ich nicht hingekriegt habe. Die Antwort war so peinlich, dass ich hier auf eine Zahlenangabe verzichte.

Die durchbohrenden Blicke der beiden kamen nicht von dem Ahr-Wein. Es war ihnen ernst. In der folgenden Diskussion wurde mir klar, dass wir unsere Spielregeln nicht selbst basteln können. Wenn zwei mittelmäßige Fußballmannschaften gegeneinander spielen, dann können sich die Spielführer auch nicht vor dem Spiel darauf einigen, dass die Abseits-Regelung für beide nicht gilt. Und ein Elfmeter wird immer 11 Meter vor dem Tor geschossen und nicht mal von 9 oder mal von 13 Metern. Auch wird die Spielzeit nicht vorher ausgehandelt. Das leuchtete mir ein, und ich las noch mal alles im Regelbuch nach. Das aber war wirklich geschenkt. Von meiner Frau.

Ein weiterer, sehr beliebter Regelverstoß ist der Mulligan. Bereits wenn der erste Abschlag nicht klappt, dann fluchen wir. An der Spitze der Hitparade der Flüche steht eindeutig das Wort »Scheiße!«, gefolgt von »Mein Gott!« und dann kommt »Das gibt es doch gar nicht!« – Vulgäre Bezeichnungen der Endprodukte menschlicher Verdauungsvorgänge führen also vor klerikaler Kommunikation und existenziellen Zweifeln.

Beim Start von Privatturnieren ist das manchmal nicht tragisch. Wenn so etwas passiert, dann streichen manche Golfer ihren Luft- oder Fehlschlag einfach aus der Wertung und aus dem Gedächtnis. Sie »nehmen« einen Mulligan – wie ein Sparkassenangestellter die Jahresgrippe. Und der ist regelwidrig, der Mulligan.

Wer war der Strolch, der diese Unsitte erfunden hat? Den Mulligan, nicht die Jahresgrippe! Ein Engländer kann das nicht gewesen sein. So etwas passt nicht zu einem Gentleman, erst recht nicht zu einem, der Golf spielt. Aber alle drei möglichen Täter kommen aus verschiedenen Ländern, in denen man auch Englisch spricht: Fergus O., David und John A. – alle mit dem gleichen Familiennamen: Mulligan.

Von Mister Fergus O. Mulligan kennen wir sogar die Lebensdaten. Er lebte von 1805 bis 1875, war Ire und wohl ein nervöses Hemd und eine gute Seele. Seine Freunde holte er einst zum Golfspielen ab, aber diese kamen zu spät zu dem verabredeten Platz. Die Abschlagzeit im Genick nahm Mister Fergus O. Mulligan eine Abkürzung, und diese führte über eine äußerst baufällige Brücke. Nichts passierte, aber beim Abschlag bekam er den Nervenkaspar, den seine Mitspieler sofort auf die mutige Fahrt zurückführten. Er solle noch mal schlagen, meinten sie, und diesen zweiten Schlag erklärten sie zu einem Menschenrecht für Golfer und nannten ihn fürderhin Mulligan.

Westlich des Atlantiks beanspruchte ein anderer Golfer die Ehre dieser Erfindung. Ein gewisser David Mulligan vom Saint Lambert Country-Club in Montreal fabrizierte in den Zwanzigerjahren an Abschlag 1 einen Fehlschlag. Sofort führte er einen »correction shot« aus, der umgehend von den Mitspielern akzeptiert wurde. Denn als prominenter Geschäftsmann stand der Hotelbesitzer David Mulligan in hohem Ansehen und war ein wirklicher, zumindest aber möglicher Gönner des Vereins.

Wenige Jahre später machte in den USA ein weiterer Regelverdreher von sich reden: John A. Mulligan. Obwohl er als Chef mehrerer Umkleidekabinen einen sauberen Beruf hatte, führte er eine unsaubere Spielsitte ein: Er wiederholte ganz einfach alle Schläge, die ihm nicht gefielen.

Fest steht, dass sich der Golfbegriff Mulligan in den Vierzigerjahren verbreitete und vor einigen Jahren ein Art Comeback außerhalb des Golfsports erfahren hat:

Auf dem Liverpooler John-Lennon-Airport hat sich ein Fluggast namens Mulligan total daneben benommen und aus allgemeinem oder konkretem Frust den Abflug einer Maschine nach Genf verhindert. Immerhin hat er mit seiner blödsinnigen Aktion regionale Sprachgeschichte geschrieben. »Mulligan« ist wegen ihm heutzutage in der Liverpooler Gegend ein Ausruf bei einer extremen Enttäuschung. Auch beim Golfen.

Der Flight davor, der Flight dahinter

Der Flight davor ist immer zu langsam. Man hat seine Abschläge noch mitbekommen: Wir haben artig und sportlich gegen den Himmel oder auf die eigenen Fingernägel geschaut, als der Driver über das Tee donnerte und dabei dem Ball die Feindberührung ersparte. Während ein zweiter »Mulligan« rief und ein dritter »Prost«, hat man das Lachen unterdrückt – trotz der Pirouette des abschlagenden Golfers. Sie hätte jedem Eislaufkünstler zur Ehre gereicht. Und als sie dann mit ihren Trolleys davongeklappert sind, da haben wir uns darauf konzentriert, unsere eigenen Höflichkeiten, Handicaps und Score-Karten auszutauschen, und wir haben uns gegenseitig erklärt, warum wir zurzeit nicht so gut spielen, wie wir es eigentlich sollten.

Die Wanderungen des Flights vor uns erinnern eher an einen Pensionärsausflug als an die Ausübung einer Sportart. Noch immer können wir nicht abschlagen, weil der Flight vor uns nicht vorankommt. Doch plötzlich haben wir freie Bahn. Die Golfer vor uns sind verschwunden. Wir glauben sie schon am nächsten Abschlag, aber dann tauchen sie wieder auf – aus den Tiefen der Roughs, wo sie im Zeitlupentempo von der erfolglosen Ballsuche aufs Fairway zurückkehren.

Die Choreografie auf den Grüns scheint einstudiert zu sein. Wahrscheinlich lernt man so etwas bei bestimmten Pros. Wie sonst wäre es zu erklären, dass sie immer nach dem gleichen Schema abläuft. Eine Dramaturgie vom Feinsten!

Wir stehen artig im Abstand von 150 Metern hinter ihnen. Einer unserer Mitspieler will das Grün angreifen, weil er davon ausgeht, dass er doch nicht bis dorthin kommt. Logisch? Ein anderer warnt ihn mit dem Satzanfang »Wenn du ihn richtig triffst ...«, wobei er den Ball meint und nicht etwa den Flight vor uns, der sich derweil auf dem Vorgrün in den albernsten Ritualen tummelt.

Dann beginnt das Schauspiel, eine Tragikomödie in fünf Akten. Shakespeare hätte seine Freude daran:

1. Akt

Man stellt die Golfwagen, ersatzweise die Trolleys mit den Bags, vor das Grün, möglichst weit entfernt vom nächsten Abschlag. Einer der Golfer zieht die Fahne raus und donnert sie, um sein Rückgrat zu schonen, aufs Grün. Das ist für die anderen das Signal. Wir warten.

2. Akt

Auf dem Grün beginnt ein chaotisches Gehampel von aufrecht gehenden Lebewesen und solchen, die sich aus unterschiedlichen Gründen ständig bücken oder die Arme in die Luft reißen. Wir warten.

3. Akt

Einer nimmt die Fahne und stellt sich erwartungsvoll hinter den puttenden Golfer, als wolle er ihn damit von hinten erstechen. Das macht Hoffnung. Wir warten.

4. Akt

Der Fahnenträger donnert seine Waffe wie einen Speer in das Loch. Alle kritzeln etwas auf ihre Scorekarten und bummeln zu ihren Bags, um dort mit ihren Schlägern hineinzustochern. Wir warten noch und nutzen die Zeit für Probeschwünge.

5. Akt

Endlich: Die Karawane setzt sich in Marsch. Doch dann kommt es zu einem Soloauftritt. Ein Kamel kommt zurück, nimmt sein liegen gelassenes Eisen 8 und winkt uns entschuldigend zu. Wir warten immer noch.

Endlich! Jetzt haben wir freie Bahn. Aber keiner unserer Annäherungsschläge hätte den Flight vor uns gefährdet. Kein einziger! Und wer ist schuld? Der Flight vor uns! Wir sind uns einig: »Das kommt vom langen Warten. Man verliert ganz einfach den Rhythmus.«

Während wir dann unsere Trolleys mit den Bags vor das Grün stellen, die Fahne rausnehmen und Einschlaglöcher reparieren, während wir markieren und einputten, werden wir von hinten bedrängt. Ein Zweifrontenkrieg! Die ganze Zeit gehen die Golfer hinter uns unruhig hin und her, machen unnötige Probeschwünge, und immer muss man darauf gefasst sein, dass sie einem in die Hacken spielen. Der Flight dahinter ist immer zu schnell.

Bereits beim Abschlag haben sie gegrinst, nur weil einer von uns seinen wohlverdienten Mulligan genommen hat. Und als wir unsere Bälle suchten, da hätten sie am liebsten durchgespielt. Wenn man keine Ruhe hat, sollte man »Mensch ärgere dich nicht« spielen und kein Golf. Als am Ende einer von uns zurückgelaufen ist, um sein vergessenes Eisen 8 zu holen, und sich höflich winkend bei ihnen entschuldigt hat, da haben sie dumm geguckt. So etwas kann doch mal passieren.

Golfer machen eine gute Figur

In vier Stunden Golf verbrauchen wir etwa 1200 kcal. Den gleichen Effekt erzielen wir mit einem achtstündigen Beischlaf. Die Frage ist nur: Welche Konsequenzen ziehen wir daraus?

Nach meiner Erfahrung gilt für Golfer der Spruch: »Ab und zu nimmt man ab – und zu.« Vor allem aber ab. Das hat die Universität Paderborn herausgefunden. Bei einer Golfrunde verbraucht man ungefähr so viel Kalorien wie bei einer Stunde Joggen. Danach müssten eigentlich alle Golfer rank und schlank sein, wobei ich zugeben muss, dass ich nicht weiß, wie ein »ranker« Golfer aussieht. Manche sind auch schlank, vor allem die früheren richtigen Sportler. Viele kommen vom Tennis. Sie haben ein ganz bestimmtes Feeling für den »Ball-an-sich«. Auch haben sie keine Schwierigkeiten, sich dem gesellschaftlichen Getue anzupassen. Das kennen sie von früher.

Die Jünger von Boris meisterten zuerst den Spagat zwischen dem weißen und dem grünen Sport, um sich dann voll aufs Golfen zu konzentrieren. Der viel zitierte befreundete Hausarzt mit dem beinahe einstelligen Handicap hat diese lebenswichtige Entscheidung mit mehr oder weniger qualifizierten Argumenten flankiert. Und jetzt machen diese betagten Sport-Konvertiten auf dem Golfplatz eine gute Figur.

Daneben gibt es aber auch jene, die durch Kampftrinken den niedrigen Kalorien den Krieg erklärt haben. Dem Golfen tut das keinen Abbruch. Waschtrommelbäuche scheinen die Rotation des Körpers beim Schwingen nicht zu behindern. Im Gegenteil: Der Schwung ergänzt das, was in zäher kulinarischer Feinarbeit zum offensichtlichen Schwerpunkt des Corpus entwickelt wurde. Solche Golf-Kolosse definieren sich vor allem auf der Driving Range. Zuerst beäugen sie mit geschwellter Brust die Spuren ihres letzten Kampfeinsatzes gegen die Ballmaschine. Die Dellen von den Fußtritten und die Kratzer ihrer Spikes sind noch immer deutlich sichtbar. Auf einem Meter Höhe.

Das hält sie jedoch nicht davon ab, diese durch weitere zu ergänzen, um dann zur Tat zu schreiten. Nach einigen Reckübungen, mit denen sie die Golfer rechts und links von ihnen ernstlich gefährden, und ein paar mundartlichen Aufmunterungen der eigenen Psyche beginnen diese Dreschflegel ihre gekonnte Imitation russischer Hammerwerfer.

Diese Aktion hatte unser Mannsbild übrigens vorher im Clubhaus angekündigt – nach dem dritten Krug Bier, mit dem Satz »Ich geh' noch ein paar Bälle schlagen«. Nicht beiläufig hat er das gesagt, sondern so, dass man ihn bis ins Sekretariat, bis auf den Parkplatz und bis zum Abschlag 3 hören konnte. Und jetzt geht's los! Mit ausgestrecktem Arm trägt er sein Bag zum Abschlag 1.

Dort nuschelt ein österreichischer Spargel-Tarzan sein Sätzchen »Habe die Ehre«, und dann schlägt der Alpine den Ball kerzengerade aufs Fairway. Die schlappen 200 Meter fordern unseren Kompressor heraus. Er schiebt Horsti zur Seite, hinterlässt bei ihm ein paar blaue Flecken und bei den Zuschauern auf der Terrasse einen bleibenden Eindruck. Dann muss es krachen, und das tut es auch: Der Driver haut auf das arme Bällchen. Und dann braucht unser Gewaltmensch bewundernde Blicke, selbst wenn der Ball im Nirwana landet. Mit lobenden Bemerkungen wie »Mitte Fairway« kann unser Golf-Rambo überhaupt nichts anfangen. Hauptsache weit! Das Ego jubelt.

Im Gegensatz zu unserem »Hau-den-Lukas« machen erstaunlich viele Damen auf dem Golfplatz eine gute Figur. Aber es fällt doch auf, dass nicht alle Damen ohne Übergewicht auch automatisch eine Bikini-Figur haben. Sicher ist das keine Erkenntnis, die ausschließlich für den Golfplatz gilt.

Im Unterschied zu Männern definieren sich Frauen nicht auf der Driving Range und durch donnernde Abschläge, sondern durch ihr Zusammenrotten am ersten Abschlag. Warmgeredet bei zahlreichen Shopping-Tours, Bridge-Runden und regelmäßigen Besuchen bei Visagisten tänzeln die Barbie-Puppen gemeinsam mit den Miss Marples zur Front: dem Outfit-Wettbewerb der Golferinnen, ein Freistil-Kampf, der offensichtlich gesponsert wird durch diverse Standesorganisationen der Mode-Designer, Juweliere und Schönheits-Chirurgen.

Immerhin: Sie haben sich selbst an die frische Luft gesetzt. Sie tun etwas für ihren Körper. Gleichzeitig huldigen sie einer zweiten Sportart, einer Art Kraftsportübung, bei der es darauf ankommt, allerlei Ringe, Ketten und Anhänger aus diversen Edelmetallen über die Runde zu schleppen. Damit glänzen sie weitaus mehr als durch ihre Putts.

Auftritte wirken aber nur dann, wenn man ein Publikum hat, und das hat man nicht, wenn man rechtzeitig am Abschlag 1 erscheint. Dann steht man nur dumm rum und macht ein entsprechendes Gesicht. Bestenfalls erheischt man einen Blick von dem mürrischen Green-Keeper. Nein, das ist nichts! Zu spät kommen, das ist in! Alle warten auf Karin. Man hat sie auf dem Parkplatz gesichtet, im Pro-Shop bei den Schuhen und am Spiegel in der Damentoilette. Und jetzt endlich, eine Minute nach der Abschlagszeit, schnattert dieses grinsende Mannequin mit vierzig Jahren verhinderter Berufserfahrung seinem Hühnerstall entgegen.

Es mag sein, dass die Geschichte diejenigen bestraft, die zu spät kommen. Aber die Gegenwart belohnt sie. Was ist schon ein Super-Abschlag gegen eine solche Performance? – Nothing, rien, nada, nix!

Nun mischt sich das Geratter der Trolleys mit dem Geschnatter der Herde. Auf zur Ballsuche! Kommentare über die Abschläge mischen sich mit scheinheiligen Komplimenten über neue Frisuren und Golfschuhe. Man vernimmt profunde Meinungen über die Wetterlage und freut sich, auf dem Golfplatz zu sein. Bisweilen stören die über einhundert Schläge die äußerst intensive Kommunikation.

Aus irgendwelchen Gründen ist immer eine kubische Gesamterscheinung dabei. Die gibt es wohl überall – auf dem FKK-Gelände, in der Sauna und auf dem Golfplatz. Auch dort fallen diese Damen auf. Ihre Busen lassen an Übungen mit Medizinbällen denken. Und das Rückgrat dieser imponierenden Gestalten scheint ungemein stabil zu sein. Es meistert hervorragend die statischen Probleme, die durch die Erdanziehungskraft hervorgerufen werden.

Dass karierte Hosen auftragen, das wussten bereits unsere Großmütter. Dennoch haben sich Konfektionäre aller Länder zusammengetan, um die Dicken auf dem Golfplatz noch dicker erscheinen zu lassen. Alle anderen Golfer, auch die Gäste auf der Terrasse, sollen einen Eindruck davon bekommen, was die Schöpfung so alles bereithält. Man sieht Männer mit Bauchkugeln, eingezwängt in rosa Golfhemdchen und gelbe neckische Höschen, getragen von krummen, silbergrauen Beinchen, die ebenfalls jedem Statiker Kopfzerbrechen bereiten.

Golfer mit O-Beinen sind offensichtlich verpflichtet, kurze Hosen zu tragen. So verlangt es wohl die Etikette. Nur wenig erinnert noch daran, dass sich mit dem Golfen die Oberkaste der britischen Inseln von den Proleten der anderen Sportarten absetzte. Noblesse oblige! Selbst einen Diener, sprich: Caddy, nahmen sie mit auf die Runde. Heute ist der Caddy aus Leichtmetall, und man hat ihn bei ebay ersteigert.

Das blaue Blut schimmert immer noch durch – durch die Krampfadern. Versteckt unter Jeans? Aber das wäre wohl das Letzte, was man auf einem Golfplatz sehen möchte. Schließlich wurden sie von einem bayerischen Juden namens Levi-Strauß erfunden. Nicht für Golfer! Nein! Man trug sie beim Goldsuchen und später beim Zusammentreiben von Viehherden. Nieten gehören bestenfalls in Nadelstreifen, aber nicht auf den Golfplatz.

Golf ist sexy

Jeder Golfer kennt die Situation. Man sitzt mit Freunden zusammen. Auf einmal schnappt ein Nicht-Golfer das Wort »Golf« auf und fragt: »Hast du noch Sex oder spielst du schon Golf?« Über diese rhetorische Frage lacht er sich halb tot.

Ich muss zugeben, dass ich die ersten hundert Mal mitgelacht habe. Dabei habe ich mich immer bemüht, den Eindruck zu erwecken, dass ich diesen Spruch zum ersten Mal hörte. Mittlerweile stelle ich eine Verbindung her – mit den Worten: »Golf *ist* sexy«. Und dafür spricht einiges, wenn man der besten Psychologin aller Zeiten vertraut: der Sprache.

Die Platzreife

Hier springt die sprachliche Parallele sofort ins Auge. Genauso wie die Geschlechtsreife die Voraussetzung für den Geschlechtsakt ist, so ist es die Platzreife für das Spielen auf einem regulären Platz. Wobei in beiden Fällen das Heranreifen nicht problemlos vonstatten gehen muss. Golfer beiderlei Geschlechts verabschieden sich endgültig von einer nicht golfenden Kindheit, die geprägt war von Glück, Spiel und Unschuld, um dann der Realität des Lebens auf dem Golfplatz entgegenzusehen.

Gereift treiben sie nun in lächerlichem Dress ein Bällchen über den edlen Rasen, und die Männer umgeben sich mit einem Freundeskreis, für den die Urologen den Herrentag erfunden haben. Denn Männer sind Männer, und es geniert sie nicht, ihrem männlichen Privileg der stehenden Blasenentleerung an passenden und unpassenden Stellen auf dem Golfplatz zu huldigen. Es sei denn, sie befinden sich in Begleitung von Damen.

Der Ball

Der Ball, der sich bekanntlich durch seine Dreidimensionalität in Verbindung mit der runden Form definiert, ist der weiblichen Sexualität zuzuordnen. Eine bewundernde Äußerung eines Mannes über eine Golferin, etwa »Die hat vielleicht Bälle«, lässt bei anderen Männern nicht immer Assoziationen zu Golfzubehör entstehen.

Der Ball ist aber auch ein männliches Sexualsymbol. Denken wir doch einmal an den primären Sexualbereich. Da gibt es ihn auch in doppelter Ausfertigung – allerdings in einer Form und Begrifflichkeit, die dem Bereich ovaler agrarischer Lebensmittelprodukte entnommen ist.

Der Schläger

Die Symbolik des Phallus springt einem da sofort ins Auge. Da ist zunächst einmal die längliche Form, die Gemeinsamkeit aller. Sicher lässt auch die Art des Griffes durchaus Assoziationen zum primären männlichen Sexualorgan zu. Die Vielzahl, die sich im Golfbag befindet – in anderen Sprachen auch »Golfsack« – müsste eigentlich einer Lady die Schamesröte ins Gesicht treiben, spätestens bei dem Satz: »Ich habe lange und kurze zur Auswahl«.

Der Zusatz »Schläger« gibt sogar einen nicht allzu dezenten Hinweis auf die Sado-Maso-Szene. Wobei sich auch hier wieder der Bogen von Sex zu Golf spannt. Denn manche Golfer und Golferinnen quälen sich derart über eine Runde, dass man ihnen ganz einfach masochistische Veranlagungen unterstellen muss.

Die Driving Range

Man müsste sie mit »Schießplatz zum Treiben« übersetzen. Das wäre sprachlich korrekt. Der andere Ausdruck »Übungswiese« hat sich nicht durchsetzen können, weil er offensichtlich zu konkret auf den Zusammenhang von Golf und Open-Air-Sex anspielt. Man will durch die Formulierung »Schießplatz zum Treiben« wohl auch davon ablenken, dass gerade junge Menschen ihre ersten Erfahrungen in der freien Natur machen, auf einer Übungswiese, wobei dem Vorspiel noch eine sehr große Rolle zukommt.

Außerdem ist auch der Formulierung »Schießplatz zum Treiben« durchaus eine sexuelle Interpretationsmöglichkeit zuzusprechen. Die Übungswiese verhält sich zum Ehebett wie die Driving-Range zum

Parcours. Man übt an dem Ort des »schönen Vorspiels« und stimmt sich ein für Größeres. Ein dezentes Bild, vor allem gegenüber einem Schießplatz, auf dem man es treibt.

Der Abschlag

Er ist eindeutig eine männliche Sexualdomäne. Es ist sicher auch kein Zufall, dass zuerst die Männer kommen und dann die Frauen. Beim Golfen. Kernstück dabei ist der Driver, den die Männer besonders schätzen, ja lieben. Er ist für sie der Königsschläger, obwohl sie den Putter – statistisch gesehen – auf einer Runde dreimal häufiger benutzen als den Driver.

Und worum geht es, wenn der Mann den seinen auspackt? Es geht um nichts anderes, als um die Beantwortung der Frage: »Wer hat den Längsten?« – Also Abschlag. Sicher keine rein sprachliche Zufälligkeit, sondern Ausdruck des engen Zusammenhangs zwischen Golf und Sexualität.

Das Fairway

Hier sind Golfer und Golferinnen einer Vielzahl von sexuellen Assoziationen ausgesetzt. Die Verbindung von Zielorientierung mit dem Spielerischen scheint deutschen Betten entlehnt zu sein. Der gerade Weg erweist sich als Illusion. Seitensprünge (des Balles ins Rough) sind alles andere als selten. Und wie schwierig ist es, da wieder rauszukommen.

Irgendwann kommt man auch zu schlichten Erkenntnissen wie »Aus«, allerdings nicht, wenn etwas baden geht. Da gibt es bei Golf und Sex andere Möglichkeiten. Aber echt schwierig ist es, wenn man etwas in den Sand setzt.

Das Loch

Während die Assoziationen auf dem Fairway durchaus im Bereich des Subtilen bleiben, wird die Sexualsymbolik beim Loch schon fast zu offensichtlich. Jeder will einlochen, aber das ist äußerst schwierig. Da »schützen« zuerst einmal die Bunker das Grün, als golferische Keuschheitsgürtel sozusagen.

Wenn man diese Hürde überwindet, dann wird es haarig. Da kann selbst die grüne Farbe, bekanntlich die Farbe der Hoffnung, nicht mehr ablenken. Alles ist kurz geschoren, man setzt seine Marke, und dann beginnt die filigrane Arbeit. Wie schön ist es, wenn man es schafft. Das Fallen des Balles und der entsprechende Sound kommen einem Orgasmus gleich.

Fazit

Die Alternative »Sex oder Golf« stellt sich nicht. Beide befruchten sich wohl gegenseitig. Wobei das allerdings nicht wörtlich zu verstehen ist.

Und für alle, die meinen, das sei doch alles ziemlich übertrieben ... Ich bin jedenfalls schuldlos. Verdammt noch mal! Schließlich bin ich es doch nicht, der das Golfen erfunden hat!

Positives Denken

Es gibt wohl nirgends so viele Psychologen wie auf dem Golfplatz. Niemand würde sich anmaßen, auf dem Golfplatz Tipps in Sachen Herzchirurgie zu geben, als nebenberuflicher Informatikberater zu agieren oder die verschiedenen Rezepturen für Soßen von Martinsgänsen zu erläutern. Aus einem einfachen Grund: Weil man davon – von wenigen Ausnahmen abgesehen – keine Ahnung hat. Aber in Sachen Psychologie sind wir Golfer Weltmeister, unabhängig davon, ob wir Anwälte oder Architekten, Kaufleute oder Handwerksmeister sind. Wir wissen um die Kraft des positiven Denkens, um unsere Erinnerungen, die uns belasten und um all das, was uns nervt. Kurzum: Wir kennen die Gründe für unsere Fehler.

Die beliebtesten Äußerungen: »Golf findet zwischen den Ohren statt«, »Ich habe das und das noch im Kopf und krieg es nicht raus« oder auch »Alles ist rein mental.« Da ist wohl manchmal was dran, aber der Reiz des Golfens besteht ja gerade darin, dass es sowohl auf Körper, Geist und Seele ankommt, auf die Kombinationen und Wechselbeziehungen.

Wichtig ist wohl wirklich das positive Denken. Das wissen wir aus anderen Lebensbereichen. Daraus können wir lernen. Beim Golf erahnen wir das eher. Wir stehen 100 Meter vorm Grün, welches – wie es so schön heißt – »geschützt« ist von einem Bunker. Wir nehmen Eisen 9 und sagen uns: »Nur nicht in den Bunker!« – Und jetzt raten Sie mal, wo der Ball hinfliegt? – Klar! In den Bunker! Genau! Aber warum? Weil unsere Psyche nur »Bunker« verstanden und entsprechend gehandelt hat. Schauen wir uns doch mal ein wenig in anderen Kommunikationsbereichen um. Dabei werden wir feststellen, dass unsere Wahrnehmung und unsere Psyche (die sich ja ausschließlich über die Kommunikation nährt) nur über positives Denken richtig reagiert.

Die Wahrnehmung von Taxifahrern

Angenommen, Sie müssen zur Stadthalle. Sie rufen die Taxi-Zentrale an und sagen der netten Dame am Telefon, wo Sie der Taxifahrer abholen soll. In zehn Minuten klingelt es an der Tür. Sie steigen ein und sagen dem Taxifahrer: »Fahren Sie mich bitte nicht zum Bahnhof!« Der Taxifahrer kann mit dieser negativen Information nicht viel anfangen. Wenn Sie Pech haben und nuscheln, dann versteht der Taxifahrer nur »Bahnhof« – und bringt sie dorthin.

Wie muss das richtig laufen? Sie geben ein positives Ziel an, die Stadthalle, und dann haben sie auch Kriterien für die Diskussion über den richtigen Weg. Das machen wir alle richtig. Im Taxi. Aber auf dem Golfplatz sagen wir unserem inneren Taxifahrer: »Bitte nicht in den Bunker!«

Die Wahrnehmung unseres Hundes

Angenommen, Sie gehen jeden Abend mit ihrem Hund Gassi. Sie sagen zu ihm: »Komm, wir gehen jetzt Gassi«. Und was tut er? Er wedelt voller Freude mit dem Schwanz. Denn er versteht Sie. Nach vier Wochen sagen Sie zu ihm: »Heute gehen wir nicht Gassi«. Was tut Ihr Hund? – Er freut sich und wedelt mit dem Schwanz. Denn mit Negationen kann er nichts anfangen. Er versteht nur »Gassi«.

Die Wahrnehmung von Sätzen

Wir alle kennen den Spruch, der im Fernsehen nach der Werbung für Medikamente in Windeseile aufgesagt werden muss. Frage: Wie heißt er? Richtig: Irgendetwas mit »Risiken«, »Nebenwirkungen«, »Packungsbeilage«, »Arzt« und »Apotheker«. Stimmt doch, oder? Wie aber heißen die kleinen Wörter dazwischen? Heißt es »bei Risiken« oder »zu Risiken«? Soll man seinen »Arzt und Apotheker« fragen oder seinen »Arzt oder Apotheker«? Da kommen schon leichte Unsicherheiten auf, weil wir die Substantive wahrnehmen und uns alles dazwischen »denken«. Wir hören nicht den ganzen Satz, sondern:

... Risiken ... Nebenwirkungen ... Packungsbeilage ... Arzt ... Apotheker.

Halten wir fest: Das Wort »nicht« ist kein Substantiv und wird von uns eher »dazugedacht« als richtig wahrgenommen.

Die Wahrnehmung von Wörtern

Es war wohl die Universität Cambridge, die es als Erstes festgestellt hat:

»Wir knönen Wröter gnaz flasch scrheiben, und sie wernde trzotdem rihstig vrestanden«.

Wichtig ist meistens nur, dass der erste und der letzte Buchstabe stimmen. Alles andere kann in einem heillosen »Drucheinnader« stehen.

Der Grund: Wir lesen nicht richtig. Wir »überfliegen« die Wörter. Einiges muss stimmen, aber den Rest »denken« wir uns.

Die Wahrnehmung von Personen

Heinz betritt die Küche. Wir kennen ihn, aber woher wissen wir, dass es sich um Heinz handelt. Schauen wir uns genau seine Brille an, seine Schuhe und seine Armbanduhr, nur um zu wissen, ob es auch Heinz ist? Nein, das tun wir nicht. Uns genügen ein paar Eckpunkte, einige Grundinformationen: Größe, die Nase, der typische Gang. Das genügt, um zu der Feststellung zu kommen: Das ist Heinz, der jetzt in die Küche kommt.

Auch hier lautet das Fazit: Wir sammeln wenige Informationen, und die Verbindung stellen wir in Gedanken her, nicht auf Grund von zusätzlichen Fakten.

Die Wahrnehmung von Rechtfertigungen

In der Tagesschau erklärt der Politiker »Dr. Karl Müller-Dortmund« er sei nicht korrupt. Wir drehen ihm den Rücken zu, weil wir gerade Tomaten für die Spaghetti-Soße kleinschneiden. Dann gehen wir an dem Fernseher vorbei – aufs Klo. Was bleibt bei uns hängen? – »Dr. Karl Müller-Dortmund« ist »korrupt«. Das Wörtchen »nicht« haben wir im Geiste ersetzt durch ein Gleichheitszeichen. Das ist übrigens auch der Grund, weshalb man Dementis vermeiden sollte. Sie werden, falls sie nicht professionell und positiv formuliert sind, zu einer vornehmen Form der Bestätigung.

Die Wahrnehmung von Werbung

Stellen Sie sich einmal vor, in Deutschland würde der italienische Touristenverband einen Werbeslogan verbreiten mit dem Text »In Spanien ist es nicht schön«. Der spanische Touristenverband würde sofort eine ganze Truppe von Anwälten in Bewegung setzen, weil vergleichende Werbung in Deutschland verboten ist, im Unterschied etwa zur USA.

Der spanische Touristenverband würde sich aber auch die Hände reiben, weil ihr Mitbewerber in aller Öffentlichkeit Spanien in Verbindung mit schön gebracht hätte. Der italienische Touristenverband würde sich nicht nur aus juristischen Gründen von seiner Werbeagentur verabschieden, denn ein Werber, der das Wort »nicht« gebraucht, hat von Werbepsychologie null Ahnung.

Fazit

Diese 7 Beispiele müssten ausreichen, um zu verstehen, warum der Schlag mit dem Eisen 9 in den Bunker ging. Unsere Wahrnehmung und folglich unsere Psyche können mit dem Wort »nicht« überhaupt nichts anfangen. Sie ignorieren es, und manchmal ersetzen sie es sogar durch ein Gleichheitszeichen. Wir sagten »Nicht in den Bunker schlagen«, und unsere Psyche verstand »Bunker« – und handelte danach.

Wer etwas erreichen will, der muss also positiv denken und das Wort »nicht« aus seinem Wortschatz streichen, zumindest, wenn es um Ziele, Vorhaben oder allgemein um Maßnahmen geht. Das hat nichts mit »Beschönigung« zu tun. Man kann schließlich alles positiv ausdrücken:

- »Ich schlage auf das Grün« statt »Ich will nicht in den Bunker«
- »Ich schlage mit dem Eisen 5« statt »Ich nehme im Rough kein Holz«
- »Ich will mein Handicap verbessern» statt »Hoffentlich bleibe ich in den Schonschlägen«
- »Ich treffe mich mit meinen Mitspielern bei Loch 19« statt »Ich gehe noch nicht nach Hause«.

Mit solch konsequenten Übersetzungsübungen kann man sich positiv einstimmen. Nicht zuletzt fürs Golf-Spiel.

Gedichte und Balladen

Ein schönes Spiel

Vor dem Clubhaus des Vereins
befindet sich der Abschlag eins.
Innen trinkt man froh sein Bier,
und draußen startet das Turnier.
Man stellt sich vor. »Ein schönes Spiel«.
Ein guter Score, das ist das Ziel.

Behutsam teet den Ball man auf.
Mit dem Driver haut man drauf.
Diesmal muss es doch gelingen.
Man hat geübt, vor allem Schwingen.
Der Ball fliegt hoch und macht 'nen Slice,
geht stramm nach rechts, na, so ein Scheiß.

Dort hinten lauern dichte Hecken,
um die Bälle zu verstecken.
Man spielt dann noch 'nen zweiten Ball.
Man weiß ja nie! Nur für den Fall,
dass der erste ist verschwunden.
Das kennt man schon aus vielen Runden.

Die andern Golfer machen's ähnlich.
Beim Suchen fühl'n sich alle dämlich.
Dann haut man in die Erde rein.
Am besten wär's, man lässt es sein.
Sehr schlimm, wenn man den Ball verliert.
Man streicht das Loch und ist frustriert.

So geht es über 18 Löcher.
Pech und Pannen, noch und nöcher.
Ab und zu, wie man es mag:
ein guter Putt, ein toller Schlag.
Doch man verfehlt das große Ziel.
Das nennt man Golf! Ein schönes Spiel.

Der erste Mensch

Es ist – mein Gott – schon lange her,
da lebte wie ein wilder Bär
der erste Mensch in seinen Höhlen.
Er konnt' nicht sprechen, höchstens grölen.
Er jagte gern in dem Reviere
große und auch kleine Tiere.

Wahrscheinlich hatte er 'ne Frau.
Genaues weiß man nicht genau.
Doch sein wir einmal nicht so kleinlich:
Er musst sich paaren – höchstwahrscheinlich.
Sonst würde es uns gar nicht geben.
Wir wären alle nicht am Leben.

Trotz Müh' und Last in vielen Stunden:
Der erste Mensch hat Golf erfunden.
Er nahm vom Baum sich einen Ast,
schlug auf 'nen Stein, der rollte fast
mit viel Geschick und etwas Schwein
in ein Mauseloch hinein.

Das sahen, und das war ein Segen,
seine Freunde und Kollegen.
Sie wollten ebenfalls mal zielen,
und begannen mitzuspielen.
Nach den ersten Wettkampfrunden
war der Golfsport schon erfunden.

Die Jeans-Ballade

An dem Abschlag Nummer eins
steht der Starter. Er heißt Heinz.
Auf dem Kopf die Golfermütze
und darunter etwas Grütze.

Den Blick nach vorn, die Beine breit.
Er kontrolliert die Abschlagszeit.
Pünktlichkeit ist ihm sehr wichtig.
Bei ihm, da läuft es immer richtig.

Was ihn von andern unterscheidet:
Heinz ist stets korrekt gekleidet.
Er will und muss ein Vorbild sein.
Das verlangt auch der Verein.

Der Golf-Pullover – sehr bequem,
natürlich mit Vereinsemblem.
Die Hosen sind aus bestem Tuch.
Am Gesäß: das Regelbuch.

Von der Sohle bis zum Scheitel:
äußerst sportlich und nicht eitel.
Denn alles hier ist sehr dezent,
wie man es vom Golfplatz kennt.

Die Liste in der linken Hand.
Mit Erfahrung und Verstand
hat er die Namen aufgereiht.
Dahinter steht die Abschlagszeit.

Da naht von hinten plötzlich Rolf.
Er spielt seit Jahren sehr gut Golf.
Ein junger Mann mit Ring im Ohr.
»Was seh'n die Etikette vor?«

Schuhe wie ein Lumpensammler.
Keine Frage: Rolf, ein Gammler,
nähert sich ganz ohne Eil.
Auf dem T-Shirt: »Golf ist geil«.

Bis zur Schulter reicht die Mähne.
Und dann noch mit blauer Strähne
festgebunden hinterm Kopf
zu einem meterlangen Zopf.

Heinz versteht die Welt nicht mehr.
»Wie kommt denn dieser Typ daher?«
Was ihn am meisten doch erbost:
Dieser Typ ist falsch »behost«.

Golf mit Jeans! Ist kaum zu glauben,
was sich manche hier erlauben.
»Mein lieber Rolf, ich sag' dir nur,
Du gehst mir nicht auf den Parcours.«

Und Rolf, normalerweis' nicht dumm,
will wissen jetzt: »Wozu? Warum?«
Und reizt den Starter bis aufs Messer:
»Spielt man ohne Jeans denn besser?«

Und Heinz erklärt die Etikette.
Wenn man die beim Golf nicht hätte,
ging der schöne Golfsport Pleite.
Rolf winkt ab und sucht das Weite.

Es fragt sich Rolf als Mann der Tat:
Verschlechtern Jeans das Resultat?
Spielt mit Jeans man wirklich schlecht?
Dann hätte Heinz, der Starter, Recht.

Das wär' wirklich recht beschissen.
Und er beschließt: »Ich will's jetzt wissen.
Morgen Mittag steht es fest. «
Morgen früh mach ich den Test«.

Am nächsten Tag, zu früher Stunde,
spielt Rolf alleine eine Runde.
Um diese Zeit: kein Mensch zu sehn.
Der Pro-Shop öffnet erst um zehn.

Rolf durchgolft nun die Natur.
Von weitem weckt die Müllabfuhr
die Stadt aus ihrem süßen Schlummer.
Doch der Score macht Rolf viel Kummer.

Und es wird kein gutes Spiel.
Fast jeder Schlag verfehlt sein Ziel.
Rolf verliert auch Knall auf Fall,
den einen und den and'ren Ball.

Im Geäst die Vöglein singen.
Rolf hat ein Problem beim Schwingen.
Morgentau tropft ins Genick,
Und Rolf, der hat die Faxen dick.

Bälle finden? Das geht nicht.
Denn es fehlt ganz einfach Licht.
Golfen in den Dämmerungen
ist noch niemandem gelungen.

Der letzte Ball – was für ein Schiss! –
geht in ein Wasserhindernis.
Er will ihn angeln. Das muss sein.
Und fällt dann in das Wasser rein.

Den eig'nen Ball hatt' er entdeckt.
Er hatte sich im Schilf versteckt.
Mit Eisen Sieben in der Hand
zieht er ihn zurück an Land.

Die Jeans sind bis zum Gürtel nass.
So macht Golf doch keinen Spaß.
Doch unser Rolf ist ein gescheiter.
Er spielt in Unterhosen weiter.

Und plötzlich geht die Sonne auf!
Das Spiel nimmt einen andern Lauf.
Die Bälle fliegen kerzengrad,
wie man's als Golfer gerne hat.

Er chippt und pitcht so wie die Großen
und tut das gar in Unterhosen.
Und so präzise! Rolf ist platt.
Es gelingt ihm jeder Putt.

Danach hat Rolf sich selbst besonnen,
und die Erkenntnis dann gewonnen:
Auf den Fairways und den Greens
spielt sich's besser ohne Jeans.

Die Moral von der Ballade:
Mit Jeans zu spielen wäre schade.
Denn dadurch wird der Score sehr schlecht.
Hör' auf den Starter! Der hat Recht.

Das Wasserhindernis

Nicht jeder Schlag kann super sein.
Manchmal aber hat man Schwein.
Dann gelingt fast jeder Ball.
Doch selten nur ist das der Fall.

Nehmen wir zum Beispiel Pitt.
Beim Herrengolf, da spielt er mit.
Er ist seit Jahren schon dabei,
mit seinen Freunden. Es sind drei.

Sie heißen Erich, Ernst und Sepp
und spielen stets ihr Handicap.
Im Clubhaus dann, Ihr könnt's erraten,
rühmen sie sich ihrer Taten.

Ganz anders aber unser Pitt.
Er kommt seit Jahren nicht mehr mit.
Er übt zwar ständig und auch fleißig.
Sein Handicap, das bleibt auf dreißig.

Trotz der vielen Trainerstunden:
Pitt versagt auf allen Runden.
Sein kurzes Spiel ist oft beschissen.
Heute aber will er's wissen.

Er achtet peinlichst auf den Stand
und auch auf die rechte Hand.
Den Rückschwung niemals übertreiben.
Die Augen müssen unten bleiben.

Fest entschlossen, voller Stolz
packt er sich das Dreier-Holz.
Sein Ball, er liegt schon auf dem Tee.
Heut' muss es klappen. Oder nie!

Er denkt an alles, passt gut auf,
und haut dann doch zu feste drauf.
Der Ball geht grad. Das ist gewiss.
Er fliegt ins Wasserhindernis.

Was nützt das Schimpfen und das Fluchen.
Er will's ein zweites Mal versuchen.
Er tut es, aber Knall auf Fall:
Im Wasser liegt der zweite Ball.

Pitt packt sein Bag und geht im Nu
aufs frontale Wasser zu.
Dann wirft er es in hohem Bogen
voller Wut jetzt in die Wogen.

Ohne Worte geht der Pitt
zum Parkplatz mit entschloss'nem Schritt.
Die Freunde mit den Köpfen schütteln.
An dem Entschluss gibt's nichts zu rütteln.

Doch dann passiert's. Was für ein Glück!
Ihr Freund Pitt, er kommt zurück.
»Unser Pitt hat sich besonnen.
Wir haben ihn zurückgewonnen.«

Das Bag im Wasser! Ei der Daus!
Er packt es, und dann nimmt er raus
fürs Auto seinen Schlüsselbund
und wirft's noch einmal auf den Grund.

Auf jeder Runde

Auf jeder Runde gibt's 'ne Phase,
da meldet sich beim Herrn die Blase
und gibt dem Golfer die Belehrung:
Kümm're dich um die Entleerung!

Zwar gibt es überall Toiletten!
Mein Gott, wenn wir die hier nicht hätten,
dann hätten Frauen ein Problem.
Doch Männer haben's sehr bequem,

Sie verschwinden hinter'm Baum.
Zuschauer, nein, die stören kaum.
Manchmal tun sie's auch im Rough.
Die Golferinnen, die sind baff,

Die Frauen können das nicht leiden,
und deshalb wollt' man das vermeiden
durch 'ne Erfindung, die ich mag.
Die Rede ist vom Herrentag.

Ich habe mich mal nicht geniert
und habe sauber recherchiert:
Erfunden ist er ungelogen,
der Herrentag, von Urologen.

Sie diskutierten ohne Stress
auf ihrem Medizin-Kongress,
auf dass man es gemeinsam löse:
das Problem. Und das zeigt Größe.

Wie macht man es, dass das Bedürfnis
der Männer führt nicht zum Zerwürfnis
mit den Golf spielenden Frauen.
Es bringt nichts, einfach wegzuschauen.

Die Geschlechter muss man trennen.
Das taten alle schnell erkennen.
Gebt den Herren ihren Tag!
Dann kann jeder, wie er mag.

Die Damen machen sicherlich
dann ihren eig'nen Tag für sich.
Die Folge: die Geschlechtertrennung.
Den Ärzten uns're Anerkennung!

Und alle Golfer stimmen ein:
So könnte es gewesen sein.

Der Golfball

Wer bringt mich auf die Palme rauf?
Dort oben muss er liegen.
Ich teete ihn doch richtig auf
und sah ihn dorthin fliegen.

Die Freunde sagten: »Der war toll!
Der beste Schlag für heute.«
Ich traf ihn endlich einmal voll.
Ein solcher Schlag macht Freude.

Er hat ein wenig sich gedreht
und flog ins Rough hinein.
Dort hinten, wo die Palme steht,
dort muss mein Golfball sein.

Auf dem Golfplatz strahlt die Sonne,
bunte Blumen überall.
Für Golfer eine wahre Wonne.
Doch ich – ich suche meinen Ball.

Golfen, sagt man, sei erhaben,
für die Seele ein Gedicht.
Können Bälle sich vergraben?
Meinen Ball, den find ich nicht.

Was nutzt das Jammern und das Fluchen.
Manchmal ist es schon notorisch.
Ich hasse es, den Ball zu suchen.
Ich spiel noch einen, provisorisch.

Ein letzter Blick zur Palme hin.
Ich sah ihn dorthin fliegen.
Wahrscheinlich liegt mein Ball dort drin.
Dort oben muss er liegen.

Gerne geh' ich viele Runden
mit Freunden, ja das mag ich.
Doch erlebt man auch mal Stunden
Da wird das Golfen tragisch.

Der Zeugwart

Mein Freund Ernie ist sympathisch
und nur selten problematisch.
An der Ahr ist er bekannt
und wird »Zeugwart« dort genannt.

In Ernies Bag, da sieht es aus
wie in einem Warenhaus.
Doch wohlgeordnet sind die Sachen,
die ihm und andern Freude machen.

Schläger, Bälle, Regelbuch,
Marker, Stifte, Tees – genug.
Doch das haben – so der Brauch,
alle andern Golfer auch.

Dann gibt's im Bag noch weiterhin
ein paar Gabeln für das Green.
(Wer Einschlaglöcher repariert,
sich als Sportsmann definiert).

Golferhandschuh, das ist klar.
Auch der Ersatz ist immer da.
Mit Sonnenkrem golft man viel besser.
Nicht zu vergessen: Schweizer Messer.

Dazu ein Büchlein für Notizen,
und von dem Platz noch ein paar Skizzen,
ein Birdie-Maker, der ist wichtig.
So spielt man Golf. Und das ist richtig.

Pullover und die Jacke sind
ein guter Schutz gegen den Wind.
Sie müssen in das Bag hinein.
Doch manch and'res muss auch sein.

Auf dem schönsten Golfgelände
werden schmutzig oft die Hände.
Das Handtuch schmückt des Golfers Bag.
Es hilft uns bei dem größten Dreck.

Und sollt' es einmal schmutzig sein,
greift Ernie schnell ins Bag hinein.
Er findet dort am rechten Platz
die Reserve, den Ersatz.

Auch Schläger können leicht verschmutzen.
Drum können Ernie immer nutzen:
zwei, drei Bürsten, unterschiedlich,
Lappen, mal sehr groß, mal niedlich.

Petrus soll man's nicht verübeln,
schüttet es mal wie aus Kübeln.
Wer dann aufhört, hat 'ne Macke,
Ernie eine Regenjacke.

Eine Hose, nur zum Schutze,
ist ihm jederzeit von Nutze,
wenn's mal richtig runtermacht.
Ja, das wäre doch gelacht.

Mit Regenschirm zum nächsten Tee!
Aufhör'n tut der Ernie nie.
Das gilt, er sagt es unumwunden,
auch für seine Trainerstunden.

Um das Golferhaupt zu schützen,
braucht der Golfer Golfermützen.
Bläst mal der Wind und fegt sie weg,
'ne zweite liegt in Ernies Bag.

Ernie ist, das sag' ich hier,
beim Golf ein richt'ges Arbeitstier,
einer, der sich niemals brüstet.
Doch ist er prima ausgerüstet.

In seinem Bag ist alles drin.
Das macht wirklich sehr viel Sinn.
Alles ist sehr gut sortiert
für den Fall, dass was passiert.

Es zeigt zum Beispiel die Erfahrung:
Beim Golfen braucht man Vollwert-Nahrung.
Dazu isst man an der Fahne:
Affenkot'lett! Sprich: Banane.

Auf dem Platz gibt's viele Tücken,
manchmal auch ein Schwarm von Mücken.
Unser Ernie ist nicht dumm:
Sein Mückenspray heißt Anti-Brumm.

Nagelschere, Sonnenbrille,
Klopapier, das ist sein Wille,
braucht man immer unterwegs
wie Müsli-Riegel oder Keks.

Damit die Leistungen nicht sinken,
gibt es ausreichend zu Trinken.
Normalerweis der Liter drei
hat unser Ernie stets dabei.

Alkohol in kleinen Bechern
gibt's bei ihm nach achtzehn Löchern.
Im kalten Winter, sonnenklar,
wärmt der Trester – von der Ahr.

Und muss man zwischendurch mal warten.
Ernie hat im Bag auch Karten.
Denn mein Freund ist superschlau:
Mit Freunden spielt er dann Mau-Mau.

Man weiß ja nie … Es könnte sein …
Ernie greift ins Bag hinein.
Dort gibt es immer etwas Platz
für die Reserve vom Ersatz.

Pflaster, Schere und auch Binden
kann in seinem Bag man finden.
Neue Senkel für die Schuh'
findet man bei ihm im Nu.

Das Zeug, das nimmt, so geht die Kunde,
der Ernie immer auf die Runde.
Für ziemlich alles sorgt er vor,
nicht nur für 'nen guten Score.

Und letztlich nimmt der Ernie mit:
Ein gutes Mittel für den Schritt.
Denn Golfer, selbst die großen Recken,
laufen immer lange Strecken.

In seinem Bag, da findet man,
alles, was man dann und wann
als Golfer und als richt'ger Mann
auf der Runde brauchen kann.

Das viele Zeug, auch wenn man lacht,
hat ihm den Namen beigebracht.
Er hat das meiste Zeug im Land.
Drum wird er Zeugwart auch genannt.

Der Wasserball

Ein Golfer sagt: »Ich lieg' im Wasser!«
In Wirklichkeit ist es sein Ball.
Läg' selbst er drin, dann wär' das krasser.
Doch selten nur ist das der Fall.

Wasser wirkt auf alle Fälle
auf dem Golfplatz als Magnet.
Es verschluckt sehr viele Bälle,
wenn ein Schlag daneben geht.

Manch' ein Golfer greift zur Angel.
Die andern rufen »Petri Heil!«.
Er bekämpft der Bälle Mangel
nach dem Motto »Geiz ist geil!«

Für manche sind's verlor'ne Runden,
geh'n Bälle in das Wasser rein.
Doch werden Bälle mal gefunden,
zieh'n strahlend sie ins Clubhaus ein.

Manchmal gibt's 'ne Katastrophe,
sucht man Bälle in dem Wasser.
Das zeigt uns gleich die letzte Strophe,
so gesehen vom Verfasser:

Ein Golfer, voll vom Geiz gepackt,
will's wissen, doch dann rutscht er aus.
Als Geizhals er ins Wasser sackt,
als Wassermann fährt er nach Haus.

Der Swinger-Club

Golfen heißt vor allen Dingen,
immer durch den Ball zu schwingen.
Doch richtig schwingen, das ist schwer.
Das lernt man nicht so nebenher
und erst recht nicht irgendwo.
Am besten lernt man es beim Pro.

Wer nicht ständig Schwingen übt,
ist darüber sehr betrübt.
Denn der Ball, auf alle Fäll',
fliegt wie er will. Das ärgert. Gell?
Das Handicap, es steigt und steigt.
Beim Schwingen hat man es vergeigt.

Was tun?, sprach Kurt, bestellt' ein Bier.
Nach einer Stunde waren's vier,
und am Ende sind es zehn.
Das Auto lässt der Kurt jetzt steh'n.
Er fährt nicht mehr mit dem Mercedes.
Statt dessen geht er heim per pedes.

Da sieht der Kurt am Straßenrand
ein neues Haus. Sehr int'ressant!
So ähnlich wie ein Studio,
wie ein Lokal mit viel Niveau.
Für Kurt ist das ein Freudenbringer,
denn es ist ein Club für Swinger.

Kurt gerät schon fast in Trance.
Er sieht für sich 'ne große Chance.
Wenn ich hier übe, wird's gelingen,
einfach durch den Ball zu schwingen.
Ein Swinger-Club löst mit System
für mich beim Golfen das Problem.

Ein schönes Etablissement,
denkt Kurt und geht in den Salon.
Gedämpftes Licht und edler Rahmen,
überall sehr schicke Damen.
Doch unser Kurt, er merkt sehr schnell:
Das ist trotz allem kein Bordell.

Er bringt es sachlich auf den Nenner:
»Man sieht hier Frauen und auch Männer«,
und kommt dann mit sich überein:
»Das können doch nur Golfer sein.
Ach wie wär' das wundervoll,
lernt' ich hier schwingen. Das wär' toll.«

»Ein Swinger-Club mit klarem Ziel!«
Kurt wünscht allen »Schönes Spiel!«
In dem rosaroten Licht
sieht Heinz sehr wenig, doch er spricht:
»Gemeinsam wird es uns gelingen!
Wir werden bald viel besser schwingen.«

Der ganze Club lacht jetzt im Chor.
Kurt wirkt verstört und schreit laut »Fore!«
Jemand ruft: »Ein Vollidiot!«
Unser Kurt fühlt sich bedroht.
Er fürchtet sehr, es wird noch schlimmer,
und rennt dann in das nächste Zimmer.

Auch dort ist Kurt nicht ganz alleine.
Dort schwingen heftig Arme, Beine.
Die Leidenschaft, sie explodiert,
was Kurt, den Golfer, sehr geniert.
Was er dort sieht, glaubt ihm kein Mensch!
Morgen geht's zur Driving-Range.

Auf die Einigkeit

Den Ball ins Loch zu schieben.
Das ist's, was Golfer lieben.
Man braucht dazu Verstand
und eine ruhige Hand.
Man muss richtig stehn
und die Linie sehn.
Stimmt dann der Durchschwung noch,
dann geht der Ball ins Loch.

Doch geht der Ball daneben,
dann sind's die andern. Eben!
Sie haben uns gestört.
Wir sind zu Recht empört.
Sie haben falsch markiert,
das Grün nicht repariert.

Sie hampelten herum
und sprachen laut und dumm.
Da kann beim besten Schwingen
kein einz'ger Putt gelingen.
Das Grün, das ist ein Heiliger Ort.
Doch fällt auch dort manch böses Wort.
Nicht allzu laut, eher dezent,
wie man es vom Golfplatz kennt.
Man verhält sich »very british«,
doch manchmal ist die Stimmung kritisch.

Und nach der ganzen Streitigkeit
trinkt man eine Kleinigkeit
im Clubhaus – auf die Einigkeit.

Die Siegerehrung

Das Mikro pfeift,
niemand versteht,
niemand begreift,
worum's hier geht.

Zahlen und Namen,
dazwischen Applaus,
ein Lob für die Damen,
ein Hoch auf das Haus.

Dann trinkt man ein Glas
und redet vom Score.
Man hat seinen Spaß,
und jemand brüllt »Fore!«

Jetzt wird es leise
in dem Lokal.
Der schönste der Preise:
Ein großer Pokal!

Der Sieger erstrahlt.
Er gibt einen aus.
Viel Lärm, und man zahlt.
Dann fährt man nach Haus.

Zu Ende ist nun die Bescherung.
Das war 'ne schöne Siegerehrung!

Golf im Süden

Wenn in den Bunkern steh'n die Pfützen
und selbst die Grüns ermüden,
wenn verwaist die Golfermützen
dann zieht man in den Süden.

Und wahrlich, in der Winterzeit,
da sieht man sie hier landen.
Man findet dann so manchen Flight
beim Golf – aus deutschen Landen.

Wo zu Hause schmucke Buchen
neben stolzen Eichen steh'n,
muss man hier die Bälle suchen
unter Palmen und Kakteen.

Doch Bayern, Sachsen, Hessen, Friesen
loben hier den Sonnenschein,
ziehen durch gemähte Wiesen,
kehren dann ins Clubhaus ein.

Hier ist Deutschland, sonnenklar,
etwas, was man schnell entdeckt.
Man erzählt, wie's früher war,
und das in seinem Dialekt.

Ein großes Bier, das muss jetzt sein.
Herr Ober, bitte aber schnell.
Sie schütten manches in sich rein.
Das Taxi bringt sie ins Hotel.

Dort gibt es, ja man ahnt es schon,
des Golfers Heldentaten.
Und außerdem bei Halbpension:
Knödel zu dem Braten.

An der Hotelbar zeigt man dann
bei Bier und Kerzenschimmer,
was man als Mann vertragen kann.
Dann wankt man in sein Zimmer.

Am nächsten Tag das gleiche Spiel.
Die ganze Woche – ohne Pause.
Von dem Land sieht man nicht viel.
Am Wochenend' geht's dann nach Hause.

Dort erzählt man voller Stolz
vom Birdie an Loch acht
mit dem neuen Fünfer-Holz.
Das hat Spaß gemacht.

Und fragt dann jemand nach dem Land,
dann sagt der Golfer bloß:
Es war super! Jeder fand:
Der Platz ist tadellos.

Der Herrentag

In vielen Golfclubs ist es Brauch,
dass Männer mit und ohne Bauch,
mit Glatze und mit vollem Haar,
manche mit Toupet sogar,
statt zu Hause rumzugammeln
auf dem Golfplatz sich versammeln.

Mit Kappen und mit Golferhüten,
manche auch mit Plastiktüten,
Wasserflaschen, Coladosen,
und auch mit karierten Hosen,
oftmals kurz bis zu den Knien.
Man kennt's vom Golfermagazin.

Da schreiten sie zu dem Turniere:
Beta- und auch Alphatiere,
Metzgermeister, Autohändler,
Freiberufler, Mittelständler,
mittendrin auch mal ein Depp
mit 'nem guten Handicap.

Golf ist ihr Lebenselixier.
In jedem Flight, meistens sind's vier,
da haut man drauf und schiebt ins Loch
und schimpft gemeinsam immer noch
über den Vorstand vom Verein.
Dann ziehen sie ins Clubhaus ein.

Dort beginnt das große Motzen:
Der Service, der ist echt zum Kotzen.
Das, was sie am meisten grämt:
Die Preise, die sind unverschämt.
Das kann sie aber nicht dran hindern,
den Durst mit Alkohol zu lindern.

Irgendwann ist es so weit:
Es gibt schon wieder einmal Streit.
Man behauptet, widerlegt,
und wenn Widerspruch sich regt,
wird man pampig, schreit laut rum.
Bier und Wein macht manche dumm.

Das Ganze wär', das muss man sagen,
irgendwie noch zu ertragen.
Doch läuft das unter einem Wort,
und das, ihr Freunde, das heißt »Sport«.
Und der hat nichts zu tun mit Plärren,
passend zu dem »Tag der Herren«.

Das Magazin

Ist der Club auch noch so klein,
ein eig'nes Magazin muss sein.
Und kostet es auch ein paar Kröten,
es ist in jedem Fall vonnöten,
um sich selber darzustellen.
Dazu dient's in allen Fällen.

Das Format ist vorgegeben
von andern Magazinen, eben:
DIN A4, das ist doch klar,
weil es früher schon so war.
Das Papier ist dick und schwer.
Das macht immer was daher.

Hochglanz, Farbe, das ist Pflicht.
Was and'res gibt es für uns nicht.
Doch kritisch darf es niemals sein.
Das stört Sponsoren vom Verein.
Man kann sie doch nicht attackieren.
Sie sollen schließlich inserieren.

Das tun sie gern. Ihr Argument:
Es schadet nie. Man ist präsent.
Jeder will vertreten sein
im Magazin von dem Verein.
Für Ökonomen jeder Sparte
ist es die Visitenkarte.

Das Vorwort, wie es jeder kennt,
das schreibt – na wer? – der Präsident.
Es liest in Wirklichkeit kein Schwein,
doch muss es unbedingt hinein.
Das Foto, das macht automatisch,
den Präsidenten sehr sympathisch.

Man sieht ihn mehrmals, viele Male,
beim Überreichen der Pokale.
Und das in feierlichem Rahmen,
umgeben von den Golferdamen.
Der Text dazu bleibt allgemein.
So macht man das! So muss das sein.

Was man dort liest, ist alles toll!
Das Turnier war wundervoll!
Und der allergrößte Hit:
Das Wetter spielte diesmal mit,
kein Regen, keine große Hitze,
und der Platz, wie immer, spitze.

Dann folgen, was wir lang vermissten,
unendlich lange Siegerlisten.
Das hat natürlich einen Sinn:
Jeder findet sich darin
mit Handicap und mit Ergebnis.
Für manche ist das ein Erlebnis.

Und dann der Vorstand des Vereins.
Er steht in Pose an der Eins
und grinst dort in die Kamera.
Jetzt sieht man, wie die Stimmung war:
Alles voller Harmonie.
Das schaffen and're Golfclubs nie.

Ein Golferwitz und ein Zitat,
den Ärger hat man ausgespart,
die Intrigen, Diskussionen.
Man will die Leser doch verschonen
von den negativen Seiten.
Golf soll doch nur Spaß bereiten.

Das Beinahe-As

Menschenskind, war das 'ne Runde!
Die hat Spaß gemacht!
Im Clubhaus ist in aller Munde
mein erster Birdie an Loch 8.

Beinah' wär's ein Hole-in-One
gewesen – kerzengrade!
Er rollte, rollte, aber dann
blieb er liegen. Schade!

Zwar habe ich kein As gespielt,
doch bleibt ein kleiner Trost:
ein Birdie habe ich erzielt.
Eine Runde, Freunde. Prost!

Das letzte Handicap

Auf dem Golfplatz möchte ich begraben sein
beim Abschlag eins oder kurz davor.
Man gibt sich die Ehre und macht auf fein,
doch jeder denkt nur an den Score.

Wenn and're chippen, pitchen, putten,
lieg' ich in den Kasematten.
Doch geht es dann ins Clubhaus rein,
dann möchte ich lebendig sein.

Dort wär' ich dann der letzte Depp.
Kein Wunder bei dem Handicap.

Golfer testen ihr Wissen

Die Beantwortung der Fragen ist unterschiedlich schwer. Für alle gilt: Mindestens eine der drei vorgegebenen Antworten ist richtig. Die anderen sind Unsinn.

Die englischen Begriffe wurden bewusst mit aufgenommen, weil Englisch die internationale Golfsprache ist. Die Lösungen stehen im Anhang, ab Seite 181.

A

1. Was bedeutet beim Golfen *Adress*?

a) Die Anschrift des Golfers,
b) das Ansprechen des Balles,
c) der Name des Golfclubs, bei dem er Mitglied ist (mit Anschrift)?

2. Was ist ein *Airshot*?

a) Der Schuss bei einem Kanonenstart,
b) ein Abschlag, der mehr Höhe als Weite hat,
c) ein Luftschlag?

3. Was versteht man unter einem *Albatros*?

a) Einen früherern Teilnehmer an der PGA-Tour,
b) drei Schläge unter PAR,
c) eine alte Bezeichnung für Birdie?

4. Was heißt *Ansprechen* des Balls?

a) Ein philosophischer Diskurs über den Ball-an-sich in einem Kreis akademisch gebildeter Golfer,
b) die Konzentration eines Golfers auf den Schlag, nachdem er seinen Stand eingenommen und seinen Schläger aufgesetzt hat,
c) die Information der Mitspieler am ersten Abschlag über die Marke des Balles, den man spielen wird?

5. Was versteht man beim Golfen unter *Approach*?

a) Die Annäherung eines Golfers an eine hübsche Golferin vor, während oder nach der Runde,
b) ein Ergebnis, das sich dem eigenen Handicap nähert,
c) die Annäherung des Golfballes an das Grün?

6. Was ist ein *As*?

a) Ein Spieler mit einem Handicap unter 18,
b) ein Abschlag, der direkt ins Loch geht,
c) ein Anlass für eine Runde im Clubhaus?

7. Was bedeutet *aufteen*?

a) Den Ball auf das Tee legen,
b) Abschlagen bei Loch 10,
c) das Tee beim Abschlagen zerbrechen?

8. Was bezeichnet man beim Golfen mit *auslippen*?

a) Einen Versuch von Golf spielenden Esoterikern, durch die Berührung des Balles mit den Lippen dessen Flugbahn zu beeinflussen,
b) den Lauf eines Balls, der nach einer Umrundung des Lochrands außerhalb des Loches zum Liegen kommt,
c) das unkonventionelle Herausspielen eines Balles aus einer schwierigen Lage.

9. Was ist *ausloten*?

a) Das Feststellen des Gefälles, indem man den Putter als Lot benutzt,
b) das Herausnehmen der Fahne aus dem Loch,
c) das Festlegen einer Taktik, um bei einem kurzen Par 5 oder einem langen Par 4 mit zwei Schlägen auf dem Grün zu sein.

10. Was versteht man unter *ausrichten*?

a) Die Tätigkeit eines Schiedsrichters mit dem Ziel, Meinungsverschiedenheiten zu den Golfregeln zu schlichten,
b) die Einnahme des Standes vor dem Abschlagen,
c) die Durchführung eines Golf-Turniers.

B

11. Was bedeutet beim Golfen *Back nine*?

a) Eine Bezeichnung für die letzten neun Spieler, die auf die Runde gehen,
b) die zweiten neun Löcher,
c) der Rücken des Schlägerkopfes bei einem Holz 9?

12. Was ist ein *Backspin*?

a) Ein Rückwärtsdrall,
b) eine Fahne, die im hinteren Drittel des Grüns steht,
c) ein Spieler, der trotz guten Handicaps bei einem Turnier im letzten Flight spielt, um – im Auftrag des Veranstalters – den korrekten Abschluss des Turniers zu kontrollieren?

13. Was ist ein *Backswing*?

a) Ein Annäherungsschlag aus dem Vorgrün, nachdem der Ball bereits das Grün passiert hat,
b) ein Schwung mit einem umgedrehten langen Eisen oder Putter, zum Beispiel, wenn der Ball an einem Baumstamm liegt und normal nicht zu spielen ist,
c) ein Rückschwung?

14. Was ist ein *Bag*?

a) Der Weg zurück zum Clubhaus,
b) die Golftasche,
c) ein veralteter Ausdruck für die letzten 9 Löcher?

15. Was ist eine *Ball-Angel*?

a) Ein Teleskopstab, den man benutzt, um Bälle aus dem Wasser zu angeln,
b) der Versuch, einen Ball mit einem Putter aus dem Bunker herauszuschlagen,
c) ein kleiner Beutel am Golfbag, in dem sich ein Vorrat an Bällen befindet?

16. Was ist ein *Ball-Marker*?

a) Der englische Ausdruck für den Zähler,
b) ein elektrisches Gerät, mit dem man Bälle suchen kann,
c) ein kleiner Gegenstand, mit dem man die Lage von Bällen markiert?

17. Was machen Golfer, wenn sie die Fahne *bedienen*?

a) Sie halten die Fahne fest, damit sich der Mitspieler an ihr orientieren kann, ziehen sie dann heraus, nachdem der Mitspieler mit dem Putter seinen Ball berührt hat,
b) sie stecken nach Beendigung des Loches die Fahne zurück,
c) sie ziehen die Fahne heraus, nachdem das Loch beendet ist?

18. Was bedeutet beim Golfen *besser legen*?

a) Den Ball bei bestimmten Bedingungen, nach bestimmten Regeln und ohne Strafschlag in eine bessere Position bringen,
b) den Ball seitwärts zur Abschlagsmitte legen, um möglichst gerade aufs Fairway zu kommen,
c) den Ball bei einem Lochspiel in eine bessere Position bringen als der Mitspieler?

19. Was ist ein *Birdie*?

a) Ein Vögelchen, das man einem Mitspieler zeigt,
b) ein Loch, das man mit einem Schlag unter PAR abschließt,
c) ein Wedge mit einem kurzen Stil?

20. Was ist ein *Birdie-Maker*?

a) Der amtierende Clubmeister,
b) ein anderes Wort für Wedge,
c) ein Heft mit genauen Angaben über die einzelnen Löcher?

21. Was ist ein *Birdie-Pool*?

a) Ein frontales Wasserhindernis vor dem Grün,
b) eine Kasse, in die jeder Spieler einzahlt und aus der Birdie-Spieler einen gewissen Betrag bekommen,
c) die Tatsache, dass ein Spieler an drei Löchern hintereinander ein Birdie gespielt hat?

22. Was ist ein *Bogey*?

a) Ein Ergebnis, das man mit einem Schlag über PAR erzielt,
b) ein Tanz, den Golfer vollführen, nachdem sie ein As gespielt haben,
c) ein eiförmiger Bunker?

23. Was ist beim Golfen ein *Break*?

a) Eine Veränderung der Richtung des rollenden Balles durch den unterschiedlichen Wuchs des Grases oder durch eine Unebenheit auf dem Grün,
b) ein zerbrochener Schläger,
c) ein gebogenes Fairway?

24. Was bedeutet beim Golfen *brutto*?

a) Die Gewinn- und Verlustrechnung eines Golfclubs,
b) das Ergebnis nach Stableford,
c) das Spielergebnis ohne Berücksichtigung der Vorgabe?

25. Was ist ein *Buggy*?

a) Ein Trolley,
b) ein Golfauto,
c) der Starter?

26. Was ist ein *Bunker*?

a) Ein seitliches Wasserhindernis,
b) eine mit Sand gefüllte Mulde auf dem Fairway oder am Grün,
c) ein schadhaftes Grün?

C

27. Was ist ein *Caddie*?

a) Ein Golfwagen,
b) ein Regelfanatiker,
c) ein Träger des Golfbags, der Schläger reicht und manchmal bei der Auswahl der Schläger berät?

28. Was bedeutet beim Golfen *carry*?

a) Ein kleines Golfauto,
b) die Fluglänge eines Schlages,
c) ein Golfer, der sein Golfbag über die ganze Runde trägt?

29. Was bedeutet beim Golfen *Cart*?

a) Eine Scorekarte,
b) ein kleines Golfauto,
c) eine Karte für 12 Green-Fees?

30. Was ist ein *Chip*?

a) Eine Marke, mit der man Bälle für die Driving Range bekommen kann,
b) ein mit dem Putten verwandter Schlag, allerdings mit einem Eisen,
c) ein Anhänger am Golfbag mit Namensprägung des Verbandes?

31. Was versteht man unter einem *Club*?

a) Eine Vereinigung von Golfern,
b) einen Schlag aus dem Bunker, der auf dem Grün landet,
c) den englischen und französischen Ausdruck für einen Golfschläger?

32. Was bedeutet beim Golfen *Clubfitter*?

a) Ein Hersteller von Golfschlägern nach Maß,
b) jemand, der den Clubfrieden stört,
c) der Sieger der Clubmeisterschaft der Senioren?

33. Was ist ein *Course*?

a) Eine Golfstunde mit mehreren Teilnehmern,
b) ein Golfplatz,
c) eine Prüfung zur Erteilung der Platzerlaubnis?

34. Was ist ein *Course-Rating*?

a) Die Bemessungsgrundlage für den Schwierigkeitsgrad verschiedener Golfplätze,
b) das Erraten des Abstandes zwischen dem Golfer und der Fahne,
c) die Überprüfung des Zustandes der Grüns durch den jeweiligen Golf-Verband?

35. Was ist ein *Cup*?

a) Ein Turnier,
b) die Golfermütze,
c) der Locheinsatz?

D

36. Was bedeutet es, einen Ball *dead* zu legen?

a) Den Ball ins Aus zu schießen,
b) den Ball so nahe an die Fahne zu legen, dass er mit dem nächsten Putt ohne Schwierigkeiten eingelocht werden kann,
c) den Ball auszuwechseln?

37. Was sind *Decisions*?

a) Entscheidungen einer bestimmten Kommission bei Unklarheiten über Regelfälle,
b) Beschlüsse der Regelkommission eines Turniers über Streitfälle während der Runde,
a) mehrheitliche Entscheidungen des Vorstandes eines Clubs über Fragen der Finanzen?

38. Was ist ein *Divot*?

a) Eine Art Gabel, mit der man Löcher auf dem Grün repariert,
b) ein herausgeschlagenes Stück Rasen,
c) der englische Ausdruck für den Zähler?

39. Was ist ein *Dog-Leg*?

a) Die Erlaubnis, einen angeleinten Hund mit auf die Runde zu nehmen,
b) ein Fairway in der Form eines Hinterbeines eines Hundes,
c) ein Anfänger, der noch keine Platzreife hat.

40. Was versteht man unter einem *Draw*?

a) Einen Putter mit einem langen Stil,
b) einen Schlag, bei dem der Ball eine leichte Kurve nach links macht,
c) einen Beauftragten der Turnierleitung, der die Zeitplanung überwacht.

41. Was ist ein *Driver*?

a) Der Schläger mit dem geringsten spezifischen Gewicht,
b) Holz 1,
c) ein Golfer, der seinen Ball auf die falsche Bahn schlägt?

42. Was heißt beim Golfen *droppen*?

a) Den Ball reinigen,
b) das Fallenlassen eines Balls nach bestimmten Regeln,
c) den Ball ins Loch chippen?

E

43. Wann erzielt man einen *Eagle*?

a) Wenn man als schlechtester Spieler eines Turniers einen Igel aus Ton überreicht bekommt,
b) wenn ein Ball über eine Distanz von über 100 Metern »wie ein Adler« durch die Lüfte schwebt und auf dem Grün liegen bleibt,
c) wenn man bei einem Par 4 nur 2 oder bei einem Par 5 nur 3 Schläge braucht, um den Ball einzulochen?

44. Was versteht man beim Golfen unter *Ehre*?

a) Den 1. Platz an einem Herrentag,
b) den moralischen und ethischen Anspruch der Golfer, die Regeln und die Etikette zu beachten,
c) das Recht, als Erster abzuschlagen?

45. Was macht ein Golfer, wenn er *Erleichterung* in Anspruch nimmt?

a) Er benutzt die Toilette des Golfplatzes,
b) er legt ohne Strafschlag den Ball nach bestimmten Regeln in eine bessere Position,
c) er verweist auf sein jüngst gestiegenes Handicap?

46. Was versteht man beim Golfen unter *Etikette*?

a) Die Einprägung der Marken auf den Golfbällen,
b) die Benimm-Regeln beim Golfen,
c) Werbeaufdrucke bei Preisen gesponserter Turniere?

47. Was ist ein *Explosionsschlag*?

a) Schlag, um einen Ball aus einer äußerst schwierigen Lage herauszubringen,
b) lautstarker Abschlag mit einem Driver mit geringem Loft,
c) Putt von außerhalb des Grüns, der an der Fahnenstange abprallt und wieder außerhalb des Grüns landet?

F

48. Was ist *Face*?

a) Der Gesichtsausdruck eines Golfers, dessen Ball im Aus landet,
b) der freie Blick vom Abschlag aus zur Fahne,
c) die Schlagfläche eines Schlägers?

49. Was ist ein *Fade*?

a) Ein Schlag, bei dem der Ball eine leichte Kurve nach rechts macht,
b) eine abfällige Bezeichnung für einen Putt, der vor dem Loch liegen bleibt,
c) die vermutete Linie zwischen dem Putter und der Fahne?

50. Was ist ein *Fairway*?

a) Eine faire Art, die 18 Löcher hinter sich zu bringen,
b) der Fahrweg für Golfwagen,
c) die gemähte Spielfläche zwischen Abschlag und Grün?

51. Was sind *Fairwayhölzer*?

a) Farbige Holzstangen, die das Fairway begrenzen,
b) Schläger mit dicken Schlägerköpfen aus Metall, Kunststoff oder Holz,
c) Äste und Zweige, die auf dem Fairway liegen und ohne Strafschlag entfernt werden dürfen?

52. Was bedeutet *fett getroffen*?

a) Der Schlägerkopf geht zuerst in die Erde und erst dann auf den Ball,
b) der Aufprall erzeugt einen dumpfen Knall,
c) der Ball fliegt geradeaus in Richtung Grün?

53. Was versteht man unter einem *Flachmann*?

a) Einen Ball, der flach über das Fairway zischt,
b) eine flache Flasche mit Alkohol, die man im Bag mit sich führt,
c) eine abfällige Bezeichnung für einen Golfer, der nur äußerst flache Belanglosigkeiten erzählt?

54. Was bedeutet *Flag*?

a) Die Fahne auf dem Grün,
b) die breite Sohle bei einem Sand-Wedge,
c) der erste Flight bei einem Turnier?

55. Was ist ein *Flight*?

a) Ein Flug von mehreren mitteleuropäischen Golfern in den Süden, um dort im Winter Golf zu spielen,
b) der aufsteigende Flug eines Balles in Richtung Grün,
c) eine Gruppe von maximal vier Golfern, die gemeinsam eine Runde gehen?

56. Was bedeutet das Wort *Fore*?

a) Ein Warnruf auf dem Platz,
b) »Bitte Ruhe!« bei einer Versammlung von Golfern,
c) ein PAR auf einem PAR 4?

57. Was ist ein *Free Drop*?

a) Das Fallenlassen eines Balles innerhalb von einer Schlägerlänge ohne Strafschlag,
b) das Recht, auf allen Golfplätzen des eigenen Landes zu spielen, wenn man im Besitz einer Mitgliedskarte ist und das Green-Fee bezahlt,
c) ein Schlag aus dem Rough mit freier Bahn in Richtung Grün?

58. Was versteht man unter *Front nine*?

a) Die Bunkerkante,
b) die ersten 9 Löcher,
c) den vorangehenden Flight?

G

59. Was ist beim Golf eine *Gallery*?

a) Die Summe der Golfbilder im Clubhaus zum Thema Golf,
b) die Zuschauertribüne,
d) die Sitzordnung der Vorstandsmitglieder bei der Jahreshauptversammlung?

60. Was ist beim Golfen ein *geschlossener Stand*?

a) Die Summe der derzeitigen und früheren Vorstandsmitglieder,
b) eine bestimmte Position beim Schwingen,
c) eine schräge Körperhaltung bei einem Bunkerschlag?

61. Was ist ein *Green-Fee*?

a) Die Gebühr, die man bezahlen muss, um auf einem fremden Platz spielen zu können,
b) ein engagierter Ökologe, der sich gegen den Bau eines Golfplatzes mittels einer Bürgerinitiative zur Wehr setzt,
c) ein Gärtner, der durch seine Arbeiten das Spielen auf dem Platz behindert?

62. Was ist ein *Green-Keeper*?

a) Ein Ball, der direkt nach dem Abschlag auf dem Grün landet und dort liegen bleibt,
b) der Gärtner eines Golf-Platzes,
c) ein ökologisches Düngemittel für das Grün?

63. Was ist ein *Grip*?

a) Der Griff,
b) der obere Teil des Schafts eines Schlägers,
c) ein Golfball, der auf dem Grün nur eine kurze Strecke ausrollt?

64. Was sind *Grooves*?

a) Gräben auf dem Fairway, die gelb oder rot gesteckt sind, selbst wenn sich kein Wasser darin befindet,
b) Golfer-Angeln, mit denen man Bälle aus dem Wasser fischen kann,
c) die Rillen auf der Schlagfläche des Schlägerkopfs, durch die der Backspin zustande kommt?

65. Was bedeutet es, wenn auf einem Schild steht *Ground under Repair*?

a) Weil der Boden in Ausbesserung ist, darf ein dort liegender Ball straffrei gedroppt werden,
b) es gibt keinen Grund, an dieser Stelle den Boden auszubessern, zum Beispiel durch ein Zurücklegen eines Divots,
c) an dieser Stelle darf man seinen Ball aufheben, um ihn zu reinigen?

66. Was heißt das *Grün lesen*?

a) Die vorgesehene Bahn des Balles nach möglichen Neigungen und Steigungen, Feuchtigkeit und Graswuchs zu überprüfen,
b) die Berücksichtigung der Position der Fahne beim Annäherungsschlag,
c) das Verlassen des Grüns nach dem letzten Putt?

DAS WAR DIE GERECHTE PENALTY!
HAST DU DIE GREENFEE BEZAHLT?
UND ICH DACHTE ES WAR LIEBE!
NULL AHNUNG VON DEN RULES WAS?
SIND SIE DER TEACHING-PRO?
DU HAST DOCH EINEN IM TEE!
AUF DEM TEE!
EIN IGEL!
WOW!
PITCH

H

67. Was ist ein Handicap?

a) Der jeweilige Partner des Golfers,
b) das persönliche Spielniveau,
c) die Einstufung der Löcher nach Schwierigkeitsgrad?

68. Was versteht man beim Golfen unter einer *Harke*?

a) Etwas, was man dem Gegner zeigt, indem man ein As spielt,
b) einen Rechen, mit dem man seine Spuren im Bunker entfernt,
c) eine abwertende Bezeichnung für ein Eisen mit zu starkem Loft?

69. Was ist *Hazard*?

a) Zufall,
b) Hindernis,
c) misslungener Recovery-Schlag?

70. Was ist ein *Hole*?

a) Die Aufforderung des Zählers, den Ball zu suchen,
b) das Loch,
c) der erste Abschlag?

71. Was versteht man unter *Honour*?

a) Das Ansehen des Golfclubs bei den Banken,
b) das Recht auf den ersten Abschlag,
c) die Rechtsform des Golfclubs?

72. Was versteht man unter einem *Hook*?

a) Einen Fehlschlag nach links,
b) einen Ball, der im Sand eines Bunkers versinkt,
c) den englischen Ausdruck für den Bunker-Rechen?

73. Was ist ein *Hosel*?

a) Das Verbindungsstück zwischen dem Schaft und dem Kopf des Schlägers,
b) ein Golfer, der ausschließlich mit seiner Frau oder Freundin spielt,
c) ein bayerischer Longhitter?

I

74. Was bedeutet *Impact*?

a) Der Augenblick, wenn der Schläger auf den Ball trifft,
b) die Summe aller Gegenstände, die man in das Golfbag hineinpackt,
c) ein Gleichstand von zwei Golfern nach den ersten neun Löchern?

75. Was ist ein *Insert*?

a) Eine Einlage im Schlägerkopf,
b) die Beschriftung des Schaftes mit dem Namen des Golfers,
c) der Name und das Logo eines Golfclubs auf dem Shirt oder der Mütze?

J

76. Was ist ein *Jigger*?

a) Auf den ersten Blick ein Putter, allerdings mit dem Loft eines Eisen 7,
b) ein Putter mit einem sehr langen Stil,
c) ein Gummi-Aufsatz an dem Griff des Putters, mit dem man – ohne sich zu bücken – den Ball aufheben kann, etwa aus dem Loch?

K

77. Was ist ein *Kanonenstart*?

a) Ein Silvesterturnier,
b) ein gleichzeitiger Start eines Turniers an mehreren Löchern,
c) ein Abschlag an Loch 1 mit über 200 Metern Länge?

78. Was versteht man beim Golfen unter *Kurzes Spiel*?

a) Abschläge, die zu kurz geraten sind,
b) die Summe der Annäherungsschläge und Putts,
c) eine Golfrunde, bei der lediglich 9 Löcher gespielt werden?

L

79. Was ist eine *Lady*?

a) Die Ehefrau eines Golfers, die selbst nicht spielt,
b) ein Abschlag, der zwischen Herren- und Damenabschlag zur Ruhe kommt,
c) eine Runde im Clubhaus, für die mögliche Form eines missglückten Abschlages?

80. Was versteht man unter einem *Ladies-Day*?

a) Ein Turnier, bei dem die Damen wie die Männer vom Herrenabschlag aus spielen,
b) ein Turnier für Frauen,
c) ein jährliches Fest des Clubs, bei dem die drei besten Golferinnen mit dem Jahresteller ausgezeichnet werden (nur Netto-Wertung)?

81. Was ist ein *Leaderboard*?

a) Ein Anschlag mit den Ergebnisses eines Turniers,
b) die Liste für den Starter mit der Zusammensetzung der Flights und den dazugehörigen Startzeiten,
c) das Regal im Clubhaus, auf dem die Pokale aufgereiht sind?

82. Was ist ein *Lederwedge*?

a) Ein kurzes Eisen, dessen Verbindung zwischen Schlägerkopf und Schaft früher in den Werkstätten von St. Andrews noch aus Schweinsleder hergestellt wurde,
b) ein Sandwegde mit einem ledernen Schlägerkopf für besonders lockeren Sand,
c) ein Fuß?

83. Was bedeutet *Lie*?

a) Der Winkel zwischen Schaft und Schlägerkopf,
b) die Lage des Balls,
c) ein Fehlschlag?

84. Was sind beim Golfen *Links*?

a) Hinweisschilder,
b) Golfplätze, die im Dünengelände am Meer liegen,
c) Golfclubs, bei denen man die Abschlagszeiten lediglich über Internet reservieren kann?

85. Was ist ein *Lob-Wedge*?

a) Ein Golfschläger für kurze und hohe Annäherungsschläge,
b) ein sehr hoher Annäherungsschlag,
c) das Hinweisschild am Abschlag?

86. Was sind *Local Rules*?

a) Die Öffnungszeiten des Clubhauses,
b) Rollwägelchen der Green-Keeper, mit denen sie Gras transportieren können,
c) besondere Regelungen für einen bestimmten Platz?

87. Was ist ein *Loch*?

a) Der Einsatz, in den der Ball rein muss,
b) das Gebiet zwischen Abschlag und Grün,
c) ein vornehmes Schimpfwort für einen Golfer, der mogelt?

88. Was ist *Loch 19*?

a) Das Clublokal,
b) das erste Loch eines Übungsplatzes,
c) die Driving Range?

89. Was versteht man unter dem *Loft*?

a) Das Spielen des Balls in die Luft,
b) den Neigungswinkel des Schlägerblatts,
c) das Aufheben des Balls bei einem Stableford-Turnier?

90. Was ist beim Golfen der *Longest Drive*?

a) eine Sonderwertung, bei der die Länge des Abschlages zählt,
b) der längste Schlag,
c) das längste Holz, das ein Golfer mit sich trägt?

91. Was ist ein *Longhitter*?

a) Ein Golfer, der sehr weit schlägt,
b) ein Golfer, der sehr viel Zeit braucht, um sich auszurichten,
c) ein Golfer, der sein Handicap in drei Turnieren hintereinander unterspielt hat?

M

92. Was ist ein *Marker*?

a) Ein Zähler,
b) ein kleiner Gegenstand, mit dem man die Position des Balles markiert,
c) ein Gerät des Green-Keepers, um – wie beim Fußball – Linien auf dem Platz zu markieren?

93. Wer ist beim Golf der *Marshall*?

a) Der in den Südstaaten Amerikas noch immer geläufige Ausdruck für den Präsidenten des Clubs,
b) der Sponsor eines Turniers,
c) der Aufpasser während einer Runde?

94. Was versteht man unter *Matchplay*?

a) Ein Golfturnier auf einem Platz mit sehr viel zeitweiligem Wasser,
b) ein Lochspiel, bei dem es nur darauf ankommt, Löcher zu gewinnen,
c) ein Mannschafts-Turnier, das nach dem K.o.-System durchgeführt wird?

95. Was ist ein *Medal-Play*?

a) Ein Spiel um die Club-Medaille,
b) ein Zählspiel mit voller Vorgabe,
c) ein Turnier, bei dem lediglich mit dem Putter und Eisen gespielt werden darf?

96. Was ist ein *Mens-Day*?

a) Vatertagsfeier auf dem Golfplatz,
b) spezielles Turnier für Männer,
c) Turnier, bei dem die Herren vom Damenabschlag spielen?

97. Was versteht man unter einem *Monatsteller*?

a) Einen monatlich zu aktualisierenden Aushang mit den Handicaps der Clubmitglieder,
b) monatlich zu vergebender Preis in Form eines Tellers,
c) einfache Form der Lochverpflegung mit Kuchen, Gebäck oder Riegeln?

98. Was ist ein *Mulligan*?

a) Eine nicht in den Regeln vorkommende Wiederholung eines Fehlschlages am 1. Loch,
c) ein wegen seines Scores äußerst frustrierter Golfer,
d) ein Abschlag, bei dem man den Ball nicht finden kann?

N

99. Was bedeutet *Nearest to the Pin*?

a) Eine Sonderwertung, bei der es darauf ankommt, den Ball möglichst nah an die Fahne zu legen,
e) einen Golfer, dessen Ball am nächsten zur Fahne liegt und der deshalb die Fahne bedienen muss, wenn es die Mitspieler wünschen,
f) ein Ball, der mit einem lächerlich kleinen Abstand am Loch liegen bleibt und selbst nach einer Wartezeit von zehn Sekunden nicht von selbst ins Loch rollt?

100. Was bedeutet beim Golfen *netto*?

a) Die Gesamtzahl der Schläge einer Runde ohne die Putts,
b) der Score nach Abzug des Handicaps vom Bruttoergebnis,
c) die Länge eines Schlages vom Abschlag bis zur ersten Berührung des Bodens?

101. Was heißt es, wenn auf der Ergebnisliste *No Return* steht?

a) Der Golfer wird gebeten, in Zukunft nicht mehr an Turnieren teilzunehmen,
b) der Golfer hat – wie vorher angekündigt – nur die ersten 9 Löcher gespielt und sich dann ordnungsgemäß beim Turnierleiter zurückgemeldet,
c) der Golfer hat das Spiel nicht beendet?

O

102. Was ist ein *offener Stand*?

a) Eine Imbissbude zwischen dem 9. und 10. Loch,
b) eine bestimmte Standposition beim Schlagen eines Golfballes,
c) das Ergebnis auf einer zwar ausgefüllten, aber noch nicht von der Turnierleitung offiziell ausgewerteten Scorekarte?

103. Was bedeutet es, wenn es von einem Turnier heißt, es sei *Open*?

a) Die Ergebnisse sind noch offen,
b) es handelt sich um ein Zählspiel,
c) es können unter bestimmten Voraussetzungen auch andere mitspielen?

104. Was heißt *Out of Bounds*?

a) Der Ball liegt jenseits der weißen Stäbe, ist also aus,
b) das Spiel ist zu Ende,
c) der Spieler hat aufgegeben?

105. Was ist ein *Overlapping Grip*?

a) Eine bestimmte Art, den Golfschläger zu halten,
b) der Griff am Golfbag, mit dem wir es über die Runde tragen,
c) das Greifen eines Schlägergriffes mit Daumen und Zeigefinger, um ihn als Senkblei zu benutzen?

P

106. Was bedeutet *PAR*?

a) Professional Average Result,
b) pari (gleich),
c) durchschnittliches Profi-Ergebnis?

107. Was ist *Penalty*?

a) Eine Strafe,
b) ein Seniorspieler,
c) ein Aushang im Clubhaus mit den aktuellen Handicaps der Mitglieder?

108. Was ist die *PGA*?

a) Professionelle Golf-Anlage,
b) die Abkürzung von Professional Golf Association,
c) private Geldanlage bei einem Golfclub?

109. Was ist *Pin*?

a) Die Marke, mit der wir die Ballmaschine bedienen,
b) die Fahne,
c) ein kleines Gerät, mit dem wir Einschlaglöcher ausbessern?

110. Was ist ein *Pitch*?

a) Ein kurzer, dafür aber hoher Schlag, meistens aufs Grün,
b) der Chef der Seniorenabteilung eines Golf-Clubs,
c) ein Schlag mit dem Putter, der haarscharf am Loch vorbeigeht?

111. Was ist eine *Pitch-Gabel*?

a) Ein Golf-Zubehör, mit dem man Aufschlagstellen im Grün repariert,
b) eine Gabel, die das Golf-Restaurant alljährlich dem besten Kunden verleiht,
c) eine Gabel zum Abschrauben der Stollen an den Golfschuhen?

112. Was ist eine *Pitch-Marke*?

a) Jemand, der sehr gut pitchen kann,
b) das Einschlagloch eines Balles auf dem Grün,
c) ein nach Maß hergestellter Pitcher?

113. Was ist ein *Pitching-Wedge*?

a) Ein Eisen für Annäherungsschläge,
b) ein alljährlich in St. Andrews stattfindendes Turnier,
c) ein Ball, der auf das Grün rollt?

114. Was bedeutet *Platzerlaubnis*?

a) Die Genehmigung, überhaupt spielen zu dürfen,
b) das Recht clubfremder Spieler, an Clubturnieren teilzunehmen,
c) die offizielle Anerkennung eines Golfplatzes durch den Verband?

115. Was sind *Platzregeln*?

a) Die Summe aller Regeln für einen Golfplatz,
b) Etikette,
c) spezielle Regeln für einen speziellen Platz?

116. Was gibt der *Platzstandard* an?

a) Die Zahl der Löcher, abgestuft nach Handicap,
b) die Länge der einzelnen Bahnen, aufgeteilt nach PAR,
c) den Schwierigkeitsgrad des Platzes, nach dem sich die Spielvorgabe errechnet?

117. Was ist ein *Playing-Pro*?

a) Ein Profi-Golfer, der sein Geld mit der Teilnahme an Turnieren verdient,
b) ein Pro, der bei einem Clubturnier mitspielt,
c) der sportliche Leiter eines Clubturniers?

118. Wo liegt der Ball, wenn er *plugged* ist?

a) Im Matsch,
b) außerhalb des Golfplatzes,
c) im Loch?

119. Was versteht man unter *Preisgeld*?

a) Die Siegprämie für Profi-Golfer bei einem Turnier,
b) ein deutsches Wort für »Green-Fee«,
c) jener Teil des Startgeldes, der für Preise, z. B. für Pokale, verwandt wird?

120. Was ist ein *Pro*?

a) Golflehrer,
b) Golfprofi,
c) Golfprojekt?

121. Was ist ein *Pro-Shop*?

a) Eine Beratungsstelle des Deutschen Golf-Verbandes,
b) eine Verpflegungsstelle nach Loch 9,
c) ein Geschäft für Golf-Kleidung und -Zubehör, das manchmal auch vom Golf-Trainer betrieben wird?

122. Was ist eine *Proette*?

a) Weiblicher Golfprofi,
b) batteriebetriebener Trolley,
c) Golf-Weltmeisterschaft der Damen?

123. Was ist ein *provisorischer Ball*?

a) Ein Ball, den man spielt, wenn man nicht sicher ist, ob man seinen geschlagenen Ball findet,
b) ein Ball, der ausschließlich zum Üben auf der Driving Range benutzt werden darf,
c) ein Ball, den man bei Privatturnieren zu Übungszwecken nach dem Abschluss des Loches spielt?

124. Was ist ein *Pull*?

a) Ein Putt aus dem Vorgrün,
b) ein nach links verzogener Ball,
c) ein Golf-Pullover, den man im Bag auf die Runde mitnimmt?

125. Was ist ein *Punch*?

a) Ein bewusst durchgeführter flacher Schlag,
b) ein heißes Getränk, das in St. Andrews im Winter nach Loch 9 gereicht wird,
c) ein Ball, der von einem Baum oder einem Gegenstand abprallt und in einer überraschend guten Position auf dem Fairway landet?

126. Wann hat man einen *Push* geschlagen?

a) Wenn der Schläger zuerst den Boden und erst dann den Ball berührt,
b) wenn der Ball in gerader Linie nach rechts fliegt,
c) wenn man mit der Schlägerspitze den Ball trifft?

127. Was ist ein *Putt*?

a) Ein Schlag mit dem Putter,
b) ein Schlag aufs Grün,
c) ein Schlag ins Loch?

128. Was ist ein *Putter*?

a) Jemand, der puttet,
b) ein Schläger zum Putten,
c) der Schlag ins Loch?

129. Was versteht man unter *putten*?

a) Den Ball mittels eines Putters rollen lassen,
b) den Ball ins Loch spielen,
c) die Fahne anspielen?

130. Was ist das *Putting-Grün*?

a) Die Bezeichnung für alle Grüns auf dem Golfplatz,
b) ein Übungsgrün,
c) das Grün des schwersten Loches?

R

131. Was versteht man unter einem *Rabbit?*

a) Einen Anfänger,
b) einen getoppten Ball, der über das Fairway hoppelt,
c) ein Eisen 1?

132. Was darf man, wenn man ein *Range-Fee* bezahlt hat?

a) An einem Turnier mitspielen,
b) alle Einrichtungen eines Golfplatzes außerhalb der Löcher benutzen,
c) als Clubfremder Preise entgegennehmen?

133. Was ist ein *Recovery-Schlag*?

a) Ein Schlag aus einem Hindernis,
b) ein Abschlag mit dem Putter auf einem kurzen PAR 3,
c) ein Schlag von einer anderen Bahn direkt aufs Grün?

134. Was ist beim Golfen ein *Regenanzug*?

a) Ein sich ankündigender Regen, der es erlaubt, das Spiel ohne Disqualifizierung abzubrechen,
b) ein Kleidungsstück,
c) ein Regenschutz für das Golfbag?

135. Was ist ein *Rescue*?

a) Ein Golfschläger,
b) ein Schlag aus einer komplizierten Lage,
c) schottischer Longdrink, der bei einem Hole-in-One in St. Andrews gereicht wird?

136. Was ist ein *Rough*?

a) Ein Golfer, der sich nicht zu benehmen weiß,
b) grob oder überhaupt nicht geschnittener Teil des Platzes,
c) der Assistent des Pros?

137. Was ist ein *Rückschwung*?

a) Jener Teil des Schwunges, der rückwärts vom Ball weggeht,
b) ein hoher Schlag aus einer schlechten Lage, z. B. hohes Rough, zurück aufs Fairway,
c) ein Schwung, den man begonnen hat, aber kurz vor der Ballberührung stoppt, also zurücknimmt?

138. Was sind *Rules*?

a) Die Golfregeln,
b) Bälle, die durch den Putter zum Rollen gebracht werden,
c) die Räder des Golfbags?

139. Was ist eine *Runde*?

a) Eine nicht allzu schlanke Golferin,
b) mehrere Getränke im Clubhaus, die von einem bezahlt werden,
c) eine Wanderung über den Golfplatz mit geregelten Spiel-Einlagen?

140. Was versteht man unter *Rundenverpflegung*?

a) Den Imbiss für die Golfrunde,
b) die Ernährung übergewichtiger Golfer,
c) das Buffet bei der Siegerehrung?

141. Was ist der *Ryder Cup*?

a) Amerikanischer Ausdruck für das Pitching-Wedge,
b) ein international angesehenes Profi-Turnier,
c) ein Eisbecher mit drei Kugeln in Form von Golfbällen, der in österreichischen Clubrestaurants als Sorbet oder als Nachspeise angeboten wird?

S

142. Was ist ein *Sand-Wedge*?

a) Ein Eisen für kurze Schläge,
b) ein Imbiss für die Runde,
c) ein Sandweg auf dem Golfplatz, auf dem man ohne Strafschlag droppen kann?

143. Was ist ein *Schaft*?

a) Der Träger eines Golfbags,
b) der Holz-, Kunststoff- oder Metallstiel des Schlägers,
c) der Spieler in einem Flight mit dem höchsten Handicap?

144. Was bedeutet *Schenken* beim Golfen?

a) Die Überreichung der Preise nach einem Turnier,
b) der großzügige Verzicht auf die Ausführung des letzten Putts eines Mitspielers,
c) die vorzeitige Aufgabe eines Loches?

145. Was ist beim Golfen ein *Schirm*?

a) Eine Schutzvorrichtung gegen den vorzeitigen Verschleiß des Drivers,
b) die Abdeckung des Golfbags,
c) ein Regenschutz?

146. Was ist ein *Schlägerblatt*?

a) Teil eines Golfschlägers, mit dem man den Ball schlägt,
b) jener Teil des Eisens, mit dem der Griff mit dem Schaft verbunden ist,
c) Liste der laut St. Andrews erlaubten Schläger?

147. Was ist ein *Schlägersatz*?

a) Die Summe der maximal 14 Schläger, die man auf die Runde mitnehmen darf,
b) jener Teil des Schlägers, auf dem die Herstellerfirma steht,
c) eine positive Äußerung über einen mitgeführten Schläger durch einen Mitspieler mit besserem Handicap?

148. Was bedeutet *Schonbereich*?

a) Der Bereich auf dem Platz, der sowohl das Grün als auch das Vorgrün umfasst und nicht mit dem Golfauto befahren werden darf,
b) der Bereich von Stableford-Punkten, innerhalb dessen man sein Handicap weder verbessert noch verschlechtert,
c) ein mit grünen Stäben gesteckter Bereich, den man aus ökologischen Gründen nicht betreten darf?

149. Was ist ein *Score*?

a) Die Anzahl der Schläge die man auf der Runde braucht, um den Ball einzulochen,
b) eine Karte, auf die Golfer ihre Ergebnisse schreiben,
c) die Umrechnung von Schlägen auf Stableford-Punkte?

150. Was ist eine *Scorekarte*?

a) Eine Karte mit den jeweils aktuellen Handicaps der Golfer eines Turniers,
b) eine Karte, auf die Golfer ihre Schläge eintragen bzw. eintragen lassen,
c) eine Karte mit detaillierten Zeichnungen und Angaben zu den einzelnen Löchern?

151. Was ist beim Golfen *Scramble*?

a) Eine Turnierform,
b) ein Gleichstand bei einer Stableford-Wertung,
c) eine Auseinandersetzung über die Auslegung von Regeln?

152. Was ist ein *Scratch-Player*?

a) Ein Spieler mit der Vorgabe 0,
b) ein Spezialschläger für Explosionsschläge aus schwierigen Lagen,
c) ein Golfer, der in der Clubmannschaft spielt?

153. Was ist ein *Semi-Rough*?

a) Das Rough auf jeweils einer Seite des Fairways,
b) ein Rough, das relativ kurz geschnitten ist,
c) ein Rough, das sich zwischen Abschlag und Beginn des Fairways befindet?

154. Was ist ein *Set of Clubs*?

a) Eine Kooperation von mehreren Golfclubs,
b) ein Schlägersatz,
c) die Summe aller Eisen, die man im Bag hat?

155. Was ist ein *Shank*?

a) Das Blatt des Schlägers,
b) ein Fehlschlag, bei dem der Ball an der Stelle zwischen Ferse und Schlägerhals des Schlägerblattes geschlagen wird und dann bei Rechtshändern nach rechts und bei Linkshändern nach links fliegt,
b) das Schlägerblatt eines Holzes?

156. Was ist beim Golfen ein *Single*?

a) Ein Golfer, der alleine spielt,
b) eine Lochspielart mit zwei Teilnehmern,
c) eine Runde, die ein einziger Spieler mit seinem Pro geht?

157. Was ist beim Golfen ein *Sky?*

a) Bei einem Zählspiel ein Ergebnis unter 90,
b) ein Ball, der in Richtung Himmel fliegt, es aber nicht allzu weit bringt, was die Minderung der Entfernung zwischen Golfer und Fahne betrifft,
c) die Wandtafel im Golfclub, auf der alle Golfer verzeichnet sind, die jemals ein Hole-in-one auf dem jeweiligen Platz gespielt haben?

158. Was versteht man unter einem *Slice*?

a) Einen Schlag, bei dem der Ball eine Kurve nach rechts macht,
b) einen veralteten Ausdruck für den Driver,
c) jemanden, dessen Abschlag nicht auf dem Fairway landet?

159. Was ist ein *Socket*?

a) Eine karierte schottische Golfsocke,
b) ein viel zu kurzer Schlag nach rechts oder links,
c) ein sockenartiger Schutz des Putters gegen Kratzer?

160. Was versteht man unter dem englischen Wort *Sole*?

a) Golfschuhe,
b) die Unterseite des Schlägerkopfes,
c) einen Abschlag mit einem Eisen?

161. Was bedeutet *Spielvorgabe*?

a) Jene Vorgabe, die das eigene Handicap (Stammvorgabe) und den Schwierigkeitsgrad des Platzes berücksichtigt,
b) die Vorgabe für ein Spiel bei einem Handicap über 36,
c) das, was man beim ersten Abschlag vorgibt, auf der Runde spielen zu wollen (Spielziel)?

162. Wann redet man beim Golfen von einem *Spin*?

a) Wenn sich der Ball um die eigene Achse dreht,
b) wenn ein Golfer sich nicht an die Etikette hält,
c) wenn der Ball beim Einputten ganz kurz vor oder neben dem Loch liegen bleibt?

163. Wann steht ein Golfer *square*?

a) Wenn er während der Runde warten muss, weil der Flight davor nicht von der Stelle kommt,
b) wenn die Verlängerung der Verbindung seiner Fußspitzen beim Ansprechen des Balles in Richtung zum gewünschten Ziel seines Schlags zeigen,
c) wenn er das Loch gestrichen hat, während die anderen Spieler noch beim Einputten sind?

164. Woran denken Golfer, wenn sie *St. Andrews* erwähnen?

a) An die Golfregeln,
b) an den Schutzheiligen aller Golfer,
c) an die letzte PGA-Tour?

165. Wer war *Stableford*?

a) Ein Starter in St. Andrews, der die Scorekarte einführte,
b) ein englischer Arzt, der das nach ihm benannte Spielsystem erfand,
c) der Autor des ersten Golfbuches, in dem Stableford erklärt ist?

166. Was ist *Stance*?

a) Der Stand beim Ansprechen des Balles,
b) eine Abschlagmarkierung,
c) die letzten drei Löcher bei einem Lochspiel?

167. Was bedeutet beim Golfen *SSS*?

a) Security System Sample (Fluchtwegebeschreibung),
b) Standard Scratch Score (das PAR eines Platzes),
c) Score System Set (auszufüllende Kästchen auf der Score-Karte)?

168. Was ist *Stammvorgabe*?

a) Das Handicap eines Spielers,
b) die Vorgabe des Clubs, dass an besonders markierten Baumstämmen der Ball ohne Strafschlag gedroppt werden darf (Platzregeln),
c) der Aushang, aus dem man den Schwierigkeitsgrad des jeweiligen Platzes entnehmen kann?

169. Was versteht man beim Golfen unter *Stand*?

a) Ein Zwischenergebnis, zum Beispiel nach 9 Löchern,
b) die Art, wie man seine Füße positioniert,
c) die Position der Fahne auf dem Grün (vorne, Mitte, hinten)?

170. Was ist ein *Starter*?

a) Der – laut Startliste – erste Spieler eines Flights,
b) ein Vertreter des Clubs, der den Start der Flights überwacht,
c) die Markierung des Abschlages?

171. Was versteht man unter *Startgeld*?

a) Jene Summe, die ein Golfer vor seinem Start zahlen muss,
b) das Eintrittsgeld für einen Golfclub,
c) eine Summe, die man nach Erlangung der Platzerlaubnis an den Verband zahlen muss, um gegen eventuelle Unfälle auf dem Golfplatz versichert zu sein?

172. Was ist die *Startzeit*?

a) Die Zeit, die man zwischen dem Betreten des Abschlages und dem Ballkontakt benötigt,
b) die Zeit, die man maximal für ein Loch brauchen sollte,
c) die Uhrzeit des 1. Abschlages eines Golfers?

173. Was ist beim Golfen ein *Strich*?

a) Ein Zeichen dafür, dass man an einem Loch keinen Punkt erzielt hat,
b) die kürzeste Verbindung zwischen zwei Pfählen in Form eines gespannten Seils,
c) das Zeichen dafür, dass der Zähler die Scorekarte nicht bestätigen will?

174. Was versteht man unter einem *Stroke*?

a) Einen Schlag,
b) einen Fehlschlag,
c) einen Strich bei einem Stableford-Turnier?

175. Was ist ein *Strokeplay*?

a) Ein Lochspiel,
b) ein Zählspiel,
c) ein Spiel mit maximal 5 Schlägern?

176. Was ist ein *Sweetspot*?

a) Ein Mädchen oder eine junge Frau ohne Platzreife,
b) der mittlere Bereich der Schlagfläche eines Putters,
c) ein Holz 9?

T

177. Was ist ein *Teaching-Pro*?

a) Ein Regelbuch,
b) ein Golflehrer,
c) die Unterrichtung eines Anfängers durch den Starter über die besonderen Platzverhältnisse?

178. Was ist ein *Tee*?

a) Der Abschlag,
b) ein Hölzchen, auf den Golfer beim Abschlag den Ball legen,
c) ein Getränk, das Golfer nach dem 9. Loch zu sich nehmen?

179. Was ist ein *Teeing Ground*?

a) Ein Grund für extrem niedriges Aufteen eines Balles, zum Beispiel bei starkem Gegenwind,
b) der Abschlagsort,
c) die Benutzung von Sandklumpen als Tee-Ersatz?

180. Was bedeutet *Tee-Time*?

a) Die Zeit, die man zwischen dem Betreten des Abschlagsortes und der Berührung des Balles benötigt,
b) die Abschlagszeit,
c) die Zeit, die man braucht, um ein Loch zu spielen?

181. Was ist *Texas-Scramble*?

a) Ein amerikanischer Driver mit ganz geringem Loft,
b) ein Mannschaftswettbewerb, bei dem alle Spieler immer den besten Ball spielen,
c) ein in den USA weitverbreitetes Zählspiel um Geld?

182. Was ist ein *Toe*?

a) Ein langes Tee,
b) die Schlägerspitze,
c) ein Golfer, der sein Bag trägt?

183. Was bedeutet *toppen*?

a) Das Ergebnis des letzten Spiels übertreffen,
b) den Ball zu weit oben treffen,
c) den Ball irrtümlich berühren?

184. Was ist ein *Treffmoment*?

a) Zeitpunkt des 1. Abschlags an Loch 1,
b) der Zeitpunkt des Auftreffens des Schlägers auf den Ball,
c) der Zusammenprall von zwei Bällen auf dem Grün?

185. Was ist ein *Trolley*?

a) Ein Golfer mit drolligen Annäherungsschlägen,
b) ein Golfwagen, der von Hand gezogen wird,
c) ein Schlag eines Anfängers vier über PAR?

U

186. Wann ist ein Ball *unspielbar*?

a) Wenn er im Rough liegt,
b) wenn ein Golfer ihn als unspielbar erklärt,
c) wenn die Fahne von dem Punkt aus, an dem der Ball liegt, nicht erkennbar ist?

187. Wann hat ein Spieler sein Handicap *unterspielt*?

a) Wenn er mehr als 36 Netto-Punkte hat,
b) wenn er weniger als 36 Netto-Punkte hat,
c) wenn er unter dem Schonbereich bleibt?

V

188. Woran denken Golfer bei dem Wort *Vardon*?

a) An den berühmten Golfer Harry Vardon und den von ihm erfundenen Griff,
b) an den berühmten schottischen Golfplatz in der Nähe von Glasgow,
c) an die jährlich an der portugiesischen Algarve stattfindende Europameisterschaft der Damen?

189. Was ist eine *Vorgabe*?

a) Bei einem Stableford-Turnier die Zahl der Schläge, die man aufgrund seines Handicaps und des Schwierigkeitsgrades des Platzes mehr bekommt als ein Scratch-Spieler,
b) die Auflagen des Starters über die Dauer der Runde,
c) die Zahl der Schläge, die der Golfer seinem Zähler direkt nach dem Einlochen mitteilt?

190. Was sind *Vorgabeklassen*?

a) Abstufungen von Handicap 0 bis 54, innerhalb derer man sein Handicap unterschiedlich verbessern oder verschlechtern kann,
b) Unterrichtsgruppen des Pros für Anfänger,
c) Flights bei vorgabewirksamen Turnieren, die nach Vorgaben zusammengestellt wurden?

191. Was ist ein *Vorgrün*?

a) Frisch gepflanztes Gras,
b) das Gras rund ums Grün,
c) Boden in Ausbesserung?

W

192. Was ist ein *Waggle*?

a) Eine Wackelbewegung des Golfers, nachdem er in Standposition gegangen ist,
b) ein aus Bayern, Österreich oder der Schweiz stammender Pro,
c) ein Putter mit langem Schaft?

193. Was ist ein *Wasserhindernis*?

a) Ein Gelände, das entweder gelb oder rot gesteckt ist,
b) ein mit Wasser vollständig oder teilweise gefüllter Bunker,
c) ein Bewässerungsschlauch, der es erlaubt, den Ball ohne Strafschlag besser zu legen?

194. Was ist eine *Wedge*?

a) Ein kurzes Eisen für Annäherungsschläge,
b) eine bestimmte Position des Standes, mit dem man den Ball spielen kann, ohne dass er zu weit rollt,
c) eine gesonderte Halterung am Golfbag für den Putter?

195. Was ist ein *Wintergrün*?

a) Ein eigens für den Winter geschaffenes Grün außerhalb des eigentlichen Grüns,
b) ein Grün mit braunen Flecken,
c) ein Grün, bei dem im Winter mehrere Golfregeln außer Kraft gesetzt sind?

Y

196. Was versteht man unter *Yips*?

a) Die bekannteste Ball-Marke der Welt,
b) ein Zucken beim Putten kurz vor dem Berühren des Balles,
c) eine Servicekraft im Clubhaus?

Z

197. Was ist beim Golfen ein *Zähler*?

a) Ein Beobachter des Golfverbandes bei internationalen Turnieren,
b) ein Mitspieler, der den Score eines anderen zählt,
c) ein Zusatzgerät, das es erleichtert, die eigenen Schläge zu zählen?

198. Was ist ein *Zählspiel*?

a) Ein Turnier, bei dem das Handicap der einzelnen Spieler mehr zählt als die erzielten Schläge,
b) ein Turnier, bei dem man möglichst wenig Schläge brauchen sollte,
c) ein Turnier, bei dem sich Ehepartner ausnahmsweise gegenseitig zählen dürfen?

199. Was ist beim Golfen *zeitweiliges* Wasser?

a) Eine Pfütze, die nicht immer existiert,
b) ein Regenschauer, der es erlaubt, das Spiel zu beenden,
c) ein gekühltes alkoholfreies Getränk, das Golfer bei Turnieren mit auf die Runde nehmen dürfen?

200. Was ist beim Golfen ein *Zocker*?

a) Ein kurzes nervöses Zucken während des Schwingens,
b) ein Golfer, der um Geld spielt,
c) ein Ball, der bereits im Aus war, dort aufgeprallt ist und wieder zurückkommt?

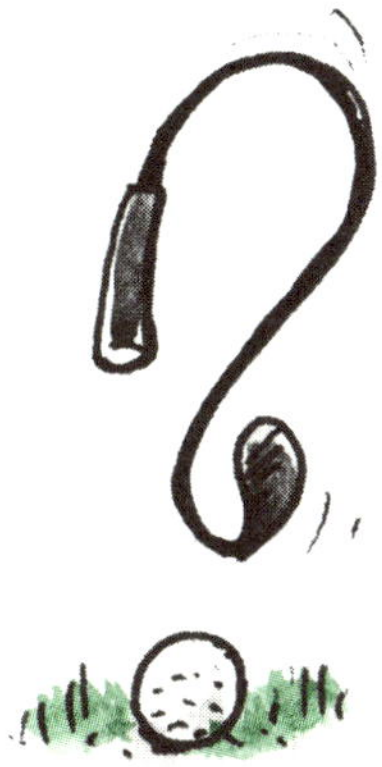

Briefe an Nichtgolfer

Lieber Adam Riese,

Du giltst seit fast einem halben Jahrtausend als „deutscher Rechenmeister“. Wenn ein Kaufmann oder ein Lehrer den Bleistift zückte, einen Strich unter eine Zahlentabelle machte, danach die Stirn in Falten legte, dann wurdest Du zitiert: „Das macht nach Adam Riese...“ Eine Redewendung, die sich selbst ins Computer-Zeitalter hineingerettet hat.

Und heute machen das auch die Golfer. Wir müssen nicht nur unser „Finanz-Budget in Sachen Golf“ im Griff haben. Auch sonst müssen wir ständig rechnen. Wir zählen die Löcher, die wir vor und hinter uns haben. Wir haben unser Handicap im Kopf, den Index, die jeweiligen Vorgaben, die Zahl der Schläge, den aktuellen Score, das angestrebte Netto- und Brutto-Ergebnis und vieles mehr.

Das alles verwirrt beim Golfen. Ungemein! Und dann gibt es noch jene, die zählen nicht nur. Während sie slicen und putten, bemühen sie auch die Wahrscheinlichkeitsrechnung. „Wie viel muss ich jetzt noch spielen, damit...?“ Und das alles lenkt vom Spiel ab. Die Rechtfertigung: Man spielt schließlich Score-orientiert! Und das riecht nach Wirtschaft.

Du bist nicht daran schuld, lieber Adam Riese. Eher eine Macke von uns: Wir können nicht abschalten, sondern transferieren das, was wir mal gelernt und gemacht haben, auf den Golfplatz.

Das ist nicht immer so. Ich weiß. Aber es gibt sie, die Golfer, bei denen das Spiel degradiert wird zum Punkte sammeln. Dann macht aber Golfen weniger Spaß. Und diese Einstellung führt normalerweise auch zu keinem guten Score – nach Adam Riese.

Lieber Freiherr von Knigge,

Ein bisschen peinlich ist es mir schon, dass ich noch nicht einmal die korrekte Anrede für einen Freiherrn kenne. Auch, dass ich Dich ungefragt duze. Aber beides rechtfertigt sich aus Deiner Biografie.

Früher glaubte ich immer, Du seiest so eine Art „höfisches Weichei“ gewesen, so ein gepuderter Affe, der sich in Spiegelsälen langweilte, mit Strumpfhosen und arroganter Stimme, inmitten vornehm fächernder Damen, also kein ganzer Kerl, der Dinge durchdenkt und sich den Problemen der Zeit stellt. Aber jetzt habe ich mich schlau gemacht. Du hast zwar die Benimmregeln auf einen Punkt gebracht und Dein Name steht sogar dafür als Markenzeichen – wie Tempo für Taschentücher, Taft für Haarspray und Maggi für Würze. Aber das hat Dir nicht gereicht. Du warst ein Weltverbesserer, und das finde ich prima.

Ich weiß, dass es Leute gibt, die dieses Wort abwertend gebrauchen. Sollen sie sich doch weiter intellektuell blamieren oder als Weltverschlechterer definieren. Ich jedenfalls finde es gut, dass man Dinge auf der Welt verbessert, zumal doch vieles im Argen liegt. Und so hast Du das auch gesehen. Du warst sogar ein Revolutionär, nicht nur in Sachen Benimm, sondern auch in der Politik, und Du hast gezeigt, dass sich beides nicht ausschließen muss. Von daher bist Du für mich ein Vorbild, auch als Golfer, weshalb ich auf die förmliche Anrede und das Sie verzichte.

Auch uns passt vieles nicht. Auch wir engagieren uns – mal beruflich, mal sozial, mal kulturell und mal politisch, oder auch für die Familie und für unseren Club. Nicht alle für alles, aber das muss auch nicht sein. Dennoch „spielen“ wir wie die kleinen Kinder. Und das nehmen wir ernst. Allerdings manchmal ein bisschen zu sehr.

Vor allem müssen wir uns benehmen, auch auf dem Golfplatz. Das gehört sich so, ob wir miteinander oder gegeneinander spielen, ob wir am Herrentag mit Freunden eine Runde gehen und zocken, an einem Jux-Turnier teilnehmen oder sogar um die Meisterschaft spielen. Benimm muss sein. Und das setzt sich zusammen aus den allgegenwärtigen Aspekten der Golf-Etikette, aber auch aus vielem, was man mit Deinem Namen verbindet. Dann macht uns Golf auch Spaß.

Lieber Immanuel Kant,

Ich weiß, dass Du kein Golfer warst. Auch, dass Du nicht mehr lebst. Du warst noch nicht einmal einer wie wir. Mit Frauen hattest Du überhaupt nichts am Hut. Alkohol hast Du nur mäßig konsumiert, und Deine Stadt Königsberg hast Du so gut wie nie verlassen.

Was für ein Leben! – Und Du hast nicht darunter gelitten. Dabei hättest Du aus vollem Herzen mit Udo Jürgens singen können: „Ich war noch niemals in New York. Ich war noch niemals auf Hawaii." Aber was hast Du getan? Dein Leben lang philosophiert und Dich 1804 für immer verabschiedet.

Für immer? – Von wegen! – Ausgerechnet Du, der weder an Himmel und Hölle, weder an das Fegefeuer noch an Wolke Sieben, weder an den Empfangschef Petrus noch an das Jüngste Gericht glaubte, ausgerechnet Du hast das Glück, noch nach Deinem Tod weiter zu leben. Und wie! Um Deinen Todestag herum warst Du sogar in aller Munde.

Du hast uns mit einer äußerst komplizierten und bisweilen auch langweiligen Sprache ganz vernünftige Dinge vermittelt. Einiges davon hast Du bei Platon abgekupfert. Aber was soll's? – Das ändert nichts an dem Wahrheitsgehalt. Du bist und bleibst nun mal der Vater der Vernunft. Nicht die Angst vor der Hölle soll unser Verhalten steuern, sondern die vernünftige Einsicht, dass wir zusammen leben und miteinander auskommen müssen und können. Ausgehend davon hast Du die Maxime der UNO erfunden, den Paragraphen 1 der Straßenverkehrsordnung und die komplizierte Fassung des Satzes: „Was Du nicht willst, was man Dir tu, das füg' auch keinem andern zu."

Dafür gibt es Tausende von Anwendungsgebieten. Ich weiß. Und die sind alle wichtiger als unser albernes Getue mit Schlägern und Bällen. Dennoch: Auch für uns gibt es Regeln, und diese haben letztlich auch moralische Grundlagen: „Was für die andern gilt, das muss auch für mich gelten – und umgekehrt." – Eigentlich ganz einfach. Wie der kategorische Imperativ. Man sollte sich nur daran halten.

Schade, lieber Immanuel Kant, dass Du nicht dabei sein kannst, wenn wir Golfer Probleme regeln. Wir könnten Dir sicher keine neuen Erkenntnisse liefern. Dafür aber eine Menge Beispiele dafür, wie man es macht – und vor allem: wie man es nicht macht. Über einen Begriff würdest Du Dich sicher freuen. Er heißt: Etikette.

Lieber Sigmund Freud,

Wenn Du uns nur einmal zuhören könntest ... Uns, den mittelmäßigen Golfern, wenn wir unsere kleinen Misserfolge und unsere Fehlschläge rechtfertigen. Du würdest Dich im Grab umdrehen – und Dich anschließend wieder totlachen. Wir spielen zwar nicht auf der PGA-Tour, aber in Sachen Ausreden sind wir Weltmeister. Immer haben wir unsere Gründe, weil es heute nicht so geklappt hat.

Da gibt es den verkannten Platzarchitekten („Die Grüns sind unfair"), den ewig kränkelnden Hypochonder („Die Rückenschmerzen treten vor allem beim Abschlag auf"), den beruflich Gestressten („Ich habe den Kopf nicht frei wegen der Geschichte mit dem Finanzamt") und vor allem den Kollegen von Sigmund Freud, den Amateurpsychologen in Sachen Golf. Sein Lieblingssatz: „Golf spielt sich im Kopf ab." Oder – etwas salopper: „Golf ist zwischen den Ohren."

Da scheint etwas dran zu sein. Aber wenn ich einen Drei-Meter-Putt nicht versenke, dann muss das nicht daran liegen, dass sexuelle Versagensängste den Ball am Loch vorbeilaufen lassen. Die Tatsache, dass ich noch kein Hole-in-One geschlagen habe, hat nichts damit zu tun, dass ich als Baby zu lange gestillt wurde. Wenn ich an der 9 ins Wasser schlage, dann kann das auch am Schwung oder am falschen Eisen liegen und nicht daran, dass ich generell wasserscheu bin und niemals ein Freischwimmerzeugnis gemacht habe.

Ein Golf spielender „richtiger" Psychologe würde das vielleicht so kommentieren: Wir kommen einfach mit den Misserfolgen nicht zurecht und suchen die Schuld im nebulösen, im Nicht-Nachprüfbaren. Denn dort kann man uns nicht widerlegen. Und wir lassen Dich, lieber Sigmund, in Ruhe.

Lieber Albert Einstein,

Allzu viel weiß ich nicht von Dir. Ich kenne das Foto, wo Du der ganzen Welt die Zunge rausstreckst. Und ich vermute auch, dass Du so ziemlich alles konntest – außer Hochdeutsch. Die Formel $E = mc^2$ erinnert mich an den Physik-Leistungskurs, und allzu schnell tendiere ich dazu, Dich mit Deiner Relativitätstheorie in die Tradition der Vorsokratiker zu stellen.

Klar: Alles ist auch relativ! Das merken wir im Alltag und auch auf dem Golfplatz. Für den Anfänger ist ein Abschlag von 170 Metern relativ lang, für den Profi relativ kurz. Aber ganz so simpel hast Du das ja nicht gemeint mit Deiner Relativitätstheorie. Da geht es wohl um mehr.

E steht für Energie, und die brauchen wir alle. Und m steht für Masse. Aber Du hast uns nachgewiesen, dass beide nicht gleich sind. Von wegen! Letztere multipliziert sich mit der Lichtgeschwindigkeit, also mit c, und diese steht auch im Quadrat. Also: $E = mc^2$.

Man muss sich das einmal vorstellen: Das Licht bewegt sich noch schneller als unser Ball bei einem satten Abschlag mit dem Driver. Ganze 299 792 Kilometer legt es in einer Sekunde zurück. Das sind – Pi mal Daumen – mehr als sechs Erdumrundungen. Um es einmal unwissenschaftlich auszudrücken: Licht verbreitet sich mit einem „Affenzahn".

Die logische Schlussfolgerung: Man kann mit wenig Materie, zum Beispiel einem Ball, eine wahnsinnige Energie entwickeln. Es gibt also in unserem Bewusstsein ein Missverhältnis zwischen Ursache und Wirkung. Wie bei einem Golfball. Er fliegt, wenn wir ihn richtig schwingen und ihn richtig treffen, über 200 Meter. Daran hast Du, lieber Albert Einstein, sicher nicht gedacht, als Du vor über einhundert Jahren Deine Relativitätstheorie entwickelt hast. Warum solltest Du auch? Du hattest weitaus wichtigere Dinge im Kopf. Aber vier Dinge können wir von Dir lernen:

- Auch unsere Leistungen sind relativ.
- Geringe Ursachen können große Auswirkungen haben
- Es gibt auch noch andere wichtige Dinge außer Golf. Zum Beispiel Kultur. Du warst zum Beispiel ein ganz manierlicher Geiger.
- Und Du warst Internationalist – wie viele Golfer.

Lieber Sepp Herberger,

Nicht nur für mich zählst Du, lieber Sepp Herberger, zu den größten Philosophen. Noch immer wirst Du gerne zitiert. Seit dem legendären Endspiel von Bern. Über ein halbes Jahrhundert ist es her, als unter Dir die deutsche Nationalmannschaft Fußball-Weltmeister wurde. Und dennoch sind Deine Sprüche aktuell.

Dir, lieber Sepp Herberger, verdanken wir nicht nur die Erkenntnis, dass der Ball rund ist. Du hast noch andere Sprüche losgelassen, die sich auch auf den Golfsport anwenden lassen, zum Beispiel „Flach spielen – hoch gewinnen".

Das gilt nicht nur bei starkem Wind. Man kann auch im übertragenen Sinn den Ball flach halten – wenn es etwa darum geht, das gesellschaftliche Clubleben zu gestalten. Auch bei Streitigkeiten wegen des neuen Pros, wegen des Zustands der Toiletten und dem allzu hohen Rough an Loch 17. Zumal das „Ball flach halten" der Psyche und somit dem Score gut tun.

Ein weiterer guter Rat, den Du als Bundestrainer an Deine Spieler weitergegeben hast: „Und wenn Ihr gar nicht mehr wisst, wo der Ball hin soll, dann schießt ihn doch einfach ins Tor."

Unser Tor ist das Loch! Und da muss er hinein. Mit möglichst wenig Schlägen! Und das soll auch Spaß machen. Aber wie oft stehen wir über dem Ball, und tausend Dinge gehen uns durch den Kopf: Stand und Hand, Kopf unten lassen, schön durchschwingen, nicht zu schnell, und, und, und ... Das Ergebnis: Wir verkrampfen, und dann spielen wir nicht top, sondern wir toppen.

Vielleicht denken wir manchmal zu viel. Ein bisschen weniger würde uns nicht schaden. Kann sein, dass Du das besser konntest.

Lieber Ephraim Kishon,

Deine Leser sind traurig und enttäuscht zugleich. Du bist von uns gegangen und hast uns allein zurückgelassen. Aber mit sehr vielen und sehr guten Büchern. Dein Humor mindert nicht deren literarischen Wert. Im Gegenteil! Auch wenn das manche humorlose Kritiker nicht einsehen.

Ein kleiner Kritikpunkt sei erlaubt: Du hast – zumindest meines Wissens nach – nichts über Golf geschrieben. Das ist sehr schade, denn Deine Beobachtungsgabe und Deine Formulierkunst hätten uns viel Freude bereitet und sicher dazu beigetragen, dass wir unseren Sport noch ein wenig lockerer und selbstkritischer sehen.

Ich stelle mir eine von Dir geschriebene Kurzgeschichte folgendermaßen vor: Du fährst mit Deiner von Dir sehr geliebten und gut formulierten Frau als Tourist nach Schottland. Als Geburtstagsgeschenk erhältst Du von ihr einen Schottenrock. Du zierst Dich ein wenig wegen des ach so femininen Kleidungsstücks, aber Deine Frau weiß sich bzw. Dir zu helfen: Sie näht ihn um zur Hose.

Bei einem Spaziergang in St. Andrews entdecken Dich ein paar Golfer, bewundern die nicht gerade kleinkarierte angebliche Golfhose und laden Dich ein zu einem Turnier, bei dem Du natürlich total versagst. Am Schluss finden sie einen Ball im Loch und glauben, Du hättest ein Hole-in-One geschlagen. Du dementierst, aber das nutzt überhaupt nichts. Die Schotten sehen in Deinem Verhalten ein Zeichen bewussten britischen Understatements und nehmen Dich in den Club auf.

Nachdem Du nach Israel zurückgekehrt bist, wirst Du sehr, sehr traurig. Dein imperiales Selbstverständlich als israelischer Patriot erleidet psychisch-politische Wunden. Israel ist ganz einfach zu klein für ein PAR 5. Die Schläge nach Norden, Osten und Süden landen in Sandbunkern. Und das ist leider auch wörtlich zu verstehen. Die Schläge nach Westen in einem allzu großen Wasserhindernis.

Warum, lieber Ephraim, hast Du das nicht geschrieben? Dir wären sicher noch ein paar Dinge mehr eingefallen. Schade! Dennoch: Danke für die Lachfalten. Mit ihnen altert man vielleicht schneller, in jedem Fall aber besser.

Liebe Alice Schwarzer,

Ich nehme mir das Recht heraus, Dich zu duzen. Schließlich bist Du eine Kollegin. Zudem noch eine, die ich sehr schätze. Ich sehe in Dir nicht die Emanze, sondern die Personifizierung einer gesellschaftlich notwendigen Entwicklung, einen Teil meines bisweilen schlechten Gewissens in Sachen Respekt vor Frauen.

Oft muss ich an Dich denken, wenn ich mit Freunden und Freundinnen zum Golf gehe. Dir zu Liebe habe ich lange Zeit auch kein „Herrengolf" gespielt. Weil ich mich nicht als „Herr" fühle, sondern als „Mann", und weil ich die Geschlechtertrennung – auch beim Golf – ablehne. Ich spiele auch keinen Katholiken-Golf, keinen Hetero-Golf und keinen Akademiker-Golf. Golf kann, soll und muss integrieren. Aber irgendwann wurde mir klar, dass ich als Mann dem wirklich schwachen Geschlecht angehöre und rottete mich mit den anderen Golf-Machos zusammen. Den Herrentag gönne ich mir als Ausnahme.

Ansonsten hasse ich reine Männergesellschaften, zum Beispiel in Burschenschaften und beim Militär. Reine Frauengesellschaften sind mir ebenso suspekt – beim Kaffeekränzchen, beim Shopping und in Emanzengruppen. Letzteres kann man vielleicht tolerieren – als Reaktion auf jahrhundertealte Unterdrückung. Mehr aber nicht. Und das nicht mehr lange.

Beim Golf geben wir nicht nur den Neulingen einen Vorsprung, sondern auch den Frauen. Diese haben ganz einfach eine kürzere Distanz zwischen Abschlag und Fahne. Das hat nichts mit Emanzentum zu tun. Das ist eher Ausdruck eines antiquierten Kavaliersdenkens. Manchmal ärgert es mich, wenn Frauen den kürzeren Weg zurücklegen müssen. Aber dann siegt die Freude darüber, dass Golf Männer und Frauen nicht trennt, sondern zusammenbringt.

Da Du wahrscheinlich nicht Golf spielst, zumindest nicht in einem „gemischten Verein", muss ich Dir wohl auch eine sprachliche Besonderheit erklären: Wer als Mann nicht über den Damenabschlag hinauskommt, der schlägt – wie es bei Golfern heißt – eine „Lady". Und diese muss er nach der Runde im Clubhaus bezahlen, in Form einer Runde. Auch das sollte Dich, liebe Alice Schwarzer, versöhnen. Denn der Golfplatz ist der einzige Ort, wo man eine Lady schlagen kann, ohne sich dem Vorwurf auszusetzen, Gewalt gegen Frauen zu verüben.

Golfer von A bis Z

A wie Anfänger

Sie fühlen sich wie Don Quichote, wie ein Ritter der traurigen Gestalt. So sehen sie auch meistens aus. Die Golfklamotten sind neu, die Körperhaltung alles andere als selbstbewusst, und sie vermissen Sancho Panza. Niemand da, der ihnen hilft! Kein Abteilungsleiter, kein Assistent, noch nicht einmal eine Sekretärin.

Oft haben sie Wichtiges in ihrem Berufsleben geleistet. Jahrelang haben sie den Missionsversuchen ihrer Freunde widerstanden. Mal fehlte es am Geld, mal an der Zeit. Manchmal sogar an beidem.

Aber dann kam die Entscheidung: Ich will jetzt mit dem Golfen anfangen! Das lutherische »Ich stehe hier und kann nicht anders« sieht man ihnen an. Da nutzt auch das neue Bag mit den krachneuen Schlägern nichts. Es heißt jetzt: Trainerstunden, Regeln und Etikette büffeln, üben, üben und nochmals üben. Und wenn mal was nicht klappt?

Kein Problem! Das kann man entschuldigen. Schließlich ist man ja Anfänger. Eine Argumentation, die man sich aber nicht angewöhnen sollte. Sonst kämpft man wie einst Don Quichote gegen Windmühlen und gebraucht diese Ausrede noch nach fünf Jahren.

B wie Besserwisser

Sie wissen nicht viel. Nein, sie wissen alles. Und was sie wissen, das behalten sie nicht für sich. Sie sind ein Sachbuch in Golfschuhen, und meistens reden sie wie ein Buch. Nichts kann man ihnen recht machen.

Da ist guter Rat teuer. Man bezahlt ihn mit einer großen nervlichen Anstrengung. Wenn man mit einem solchen Menschen spielt, dann beginnt man plötzlich die Golfregeln zu schätzen, nach denen noch so gut gemeinte Ratschläge verboten sind und auch geahndet werden.

Selbst das wissen die Besserwisser, weshalb sie eine ganz gerissene Taktik einschlagen. Sie quatschen vor und nach der Runde auf uns ein, im Sekretariat, bei Loch 19, bei der Siegerehrung, der Versammlung des Clubs, kurzum: bei jeder Gelegenheit. Man sollte sie großzügig umgehen – wie einen Bunker und ein Wasserhindernis.

C wie Choleriker

Wenn Choleriker wüssten, wie komisch sie wirken, dann würden sie mehr für ihr Nervenkostüm tun. Vielleicht sollte man ihnen mal ein paar Filme mit Louis de Funès zeigen. Aber wahrscheinlich würden sie sich vor lauter Wut nicht selbst erkennen und weiterschimpfen. Gründe dafür gibt es ja genügend.

Kein Golfer kann mit all seinen Schlägen zufrieden sein – ob er Anfänger ist oder die PGA-Tour spielt. Also ist man frustriert. Die Folge davon sind mehr oder weniger starke Aggressionsschübe. Die kann man gegen sich selbst richten, was sehr ungesund ist, oder gegen andere. Und das ist asozial.

Da ist es noch hilfreich, wenn ein Choleriker Gewalt gegen Sachen gebraucht. Das schadet zwar dem Geldbeutel, wenn der Putter oder gar das ganze Bag ins Wasser fliegen. Aber Menschen kommen dabei zumindest nicht direkt zu Schaden.

Für Choleriker beim Golf gibt es eigentlich nur zwei Lösungen: Die Ansprüche senken oder die Sportart wechseln. Beim Catchen können sie sich besser austoben, wobei ich mir habe sagen lassen, dass Catcher meist sehr gutmütige, sanfte Menschen sind.

D wie Draufgänger

Man erkennt sie bereits am Gang. Die Autoreifen quietschen, wenn sie ihr Auto vor dem Clubhaus parken – am allerliebsten vorm Eingang. Dann springen sie raus, schauen zum Abschlag, als gelte es, diesen in Rekordzeit umzupflügen. Sie haben dem gesamten Golfplatz und dem Golfsport den Kampf angesagt, nach dem Motto: Jetzt wollen wir mal sehen, wer stärker ist.

Meistens halten sich die sportlichen Erfolge der Draufgänger im Rahmen. Sie würden zwar am liebsten bei einem PAR 5 sofort das Grün angreifen, aber das haut nicht hin, denn ihre kraftvollen Schläge landen nicht selten auf fremden Fairways. Ihr Lieblingssatz: »Was heißt hier Schwingen? Ich haue drauf.«

Draufgänger mögen vielleicht imponierende Gestalten und Persönlichkeiten sein, beim Golfen aber machen sie eine ähnliche Figur wie ein Hard-Rocker beim Opernball.

E wie Einzelgänger

Sie sind die legitimen Nachfolger der mittelalterlichen Eremiten. Das Drumherum, vor allem die Menschen, stören sie nur bei ihrer sportlichen Kontemplation. Alles Irdische scheint ihnen fremd zu sein. Sie sind allein mit sich selbst, mit ihren Schlägern und Bällen. In der Art, wie sie über den Platz wandeln, signalisieren sie eine Abwendung vom Weltlichen und eine fast metaphysisch erscheinende Zuwendung zum Golfen.

Wenn man sie so sieht, hat man manchmal auch Mitleid mit ihnen. Vielleicht will niemand mit ihnen spielen? Und dann kommen Erinnerungen hoch an die eigene Kindheit, an den Sandkasten, an die Schaukel, an die Rutschbahn. Auch da gab es immer Außenseiter.

Diese eigenen Träumereien sollte man jedoch stoppen und den Golf-Eremiten in den eigenen Flight integrieren. Vielleicht freut er sich, oder aber er bestätigt unsere Vorurteile und will allein bleiben. Auch das gibt es beim Golf.

F wie Fanatiker

Vor ihnen sollte man sich hüten, denn in ihrem Sozialverhalten sind sie alles andere als einfach. Genauer: Sie sitzen auf ihren vier Buchstaben: G, O, L und F. Darum dreht sich alles. Loch 19 ist ihr zweiter Wohnsitz. Dort kennen sie die Speisekarte genauso gut wie die Vornamen der Mitarbeiter des Clubs, und ihr Thema Nummer 1 ist nicht das, was man gemeinhin unter Thema Nummer 1 versteht. Sie spielen Golf, und sie reden darüber. Ständig! Ihr Lieblingssatz »Ein Tag ohne Golf ist ein verlorener Tag«. Man darf ihnen glauben, dass sie keinen Tag verloren gehen lassen.

Selbst zu Hause gibt es Golf – im Fernseher und bisweilen auch auf dem Wohnzimmerteppich, der sich bekanntlich hervorragend dazu eignet, kurze Putts zu üben. Neben der Couch im Zeitschriftenständer: Golf-Magazine. In Aschenbechern und Obstschalen: Tees, Ball-Marker und Pitch-Gabeln. Auf dem Esstisch: Pfeffer- und Salzstreuer in der Form von Golfbällen. In der Garage: das zweite Golfbag, eine Sammlung alter Schläger und ein beachtlicher Vorrat an Golfbällen.

Erwähnen Sie gegenüber Fanatikern nie Persönlichkeiten wie Albert Einstein, Catharina Valente, Pablo Picasso, Mutter Teresa oder Martin Luther King. Die erste Frage wird immer sein: »Welches Handicap?«

G wie Geizhälse

Jeder Volkswirt weiß es: Geiz kommt einen teuer zu stehen. Zuerst verliert man Zeit, dann Freunde und schließlich auch Geld. Weil man sehr oft einen zweiten Anlauf braucht. Dennoch gibt es sie immer wieder, jene Menschen, die behaupten, dass Geiz geil sei. Wären sie sparsam, was ja sehr sinnvoll ist, dann würden sie auf das Preis-Leistungs-Verhältnis achten statt über vermeintliche Preisvorteile zu triumphieren.

Solche Menschen gibt es auch auf dem Golfplatz. Es müssen nicht immer Schotten, Holländer oder Schwaben sein, die nicht zu ihrem Spiel finden, weil sie ständig fremde Bälle suchen. Man erkennt sie übrigens sehr leicht an ihrer Standarte, an jener Angel, die sie im Bag mit sich tragen, um Bälle aus dem Wasser zu fischen.

Für den Fortgang des Spiels bringt das überhaupt nichts, aber man hat einen Ball gerettet. Manche kommen vom Platz und verkünden voller Stolz: »Ich habe 3 über gespielt: zwei Bälle verloren und fünf gefunden«.

H wie Hypochonder

Im Grunde sind sie verkappte Ärzte. Denn sie kümmern sich um die Gesundheit. Allerdings ausschließlich um ihre eigene. Zumindest geben sie das vor. Sie erzählen ständig von ihren Hüft-, Rücken- und Nervenleiden, um eine Entschuldigung für ihre weniger guten Schläge zu haben.

Krankheiten und Leiden gibt es selbstverständlich, und auch alle wirklichen und vermeintlichen Wehwehchen können Auswirkungen auf das Golfspiel haben. Das wird kein vernünftiger Mensch bestreiten. Aber Hypochonder missbrauchen sie für ihre golferische Profilierungssucht.

Sie nutzen es auch unbarmherzig aus, dass ihren Mitgolfern manchmal der Stoff für Small Talks ausgeht – von wegen: »Heute morgen habe ich noch gedacht, die Sonne würde rauskommen, aber jetzt ...« – Sie leiten die Diskussion sofort um in den Gesundheitsbereich: »Für meine Arthrose ist es aber besser, wenn es nicht so heiß ist.« – Dann kommt sofort der Kontrahent: »Mein Doktor hat mir aber gesagt, dass Wärme gar nicht so schlecht sei ...«

Zum Glück wird diese Diskussion ab und zu mal unterbrochen – durchs Golfen! Wenn sie dann schlecht spielen, dann heißt es: »Die Hüften, der Rücken, die Nerven«, Und wenn sie gut spielen, dann sind auf einmal all diese Einschränkungen vergessen. Oder sie gehen in die Trotzphase, um ihren Erfolgen noch größeren Glanz zu verleihen: trotz Hüften, trotz Rücken und trotz Nerven. Letztere brauchen vor allem die Mitspieler.

I wie Intellektuelle

Für sie ist Golf lediglich eine intellektuelle Herausforderung, so etwas wie Spiel gewordene Philosophie, Mathematik und Psychologie. Da kennen sie sich aus. Da reden sie mit.

Das Golfen selbst ist ein Mittel zum Zweck: Sie bemühen selbst literarische Zitate, um die erfolglose Suche nach einem Ball zu rechtfertigen. Große Namen wie Shakespeare, Goethe und Sartre schweben über dem Fairway, und alles wird peinlichst genau analysiert, systematisiert und interpretiert.

Das Spiel selbst wird zur Kulisse für intellektuelle Freiübungen, für ein kreatives Brainstorming in Sachen Ding-an-sich. Wohl jenen, die unter sich bleiben und nicht auf bodenständige Handwerksmeister treffen. Das könnte zu Kommunikationsstörungen führen, die mit Golf nichts, aber auch überhaupt nichts zu tun haben.

J wie Jugendliche

Sie sind zu bewundern. Unbekümmert schlendern sie zum Abschlag eins. Sie sind gut gelaunt, erzählen sich Belanglosigkeiten und amüsieren sich darüber. Dann löst sich der erste aus der Reihe und schlägt genau so ab, wie wir es kennen. Aus dem Fernsehen. Der Ball ist locker und leicht geflogen, so weit, dass wir ihn nicht mehr sehen.

Für uns wäre das ein Grund zum Jubeln. Unser Jugendlicher aber dreht sich um und schlendert zurück zu seinem Bag, das er selbstverständlich trägt! Für ihn ist Golf noch keine Weltanschauung. Mit der gleichen Einstellung spielt er auch Tischfußball. Er ist Teil einer Spaßgesellschaft. Das findet er auch gut, und das schadet sicher nicht seiner Lockerheit.

Die Oldies sitzen derweil auf der Terrasse und finden immer wieder die gleichen Begründungen für die richtigen Bewegungsabläufe. Von der Anatomie her nähern wir uns der Psyche. Sie drehen sich ganz einfach besser. Außerdem: die jugendliche Unbekümmertheit ...

Das mag ja alles stimmen. Aber das Wort Training hört man in diesem Zusammenhang selten.

K wie Krawallmacher

Man kennt sie oft nur vom Hörensagen. Denn Golfer wissen sich zu benehmen. Mehr noch: Wir ahmen Verhaltensweisen jenes Inselvolkes nach, das den Golfsport zwar nicht erfand, ihn aber zur Blüte entwickelte. Auf dem Golfplatz ist man Lady und Gentleman.

Man gibt sich britisch, doch manchmal wird es kritisch. Richtig laut sogar! Selbst auf dem Nachbar-Fairway horcht man auf. Da verstößt jemand gegen die Norm und verhält sich so wie in der Nordkurve eines abstiegsbedrohten Bundesligaclubs. Das macht man nicht. Das ist gegen den Anstand und verstößt gegen die Etikette.

Aber was soll man tun, wenn plötzlich jemand mitspielt, der von Tuten, Blasen und Golfregeln so wenig Ahnung hat wie wir über mittelalterliche Sitten und Gebräuche im heutigen Grönland. Da soll man mal die Nerven behalten und nicht laut werden! – Das ist falsch. Aber der Krawall hat auch manchmal seine Ursachen.

L wie Longhitter

Die Übersetzung lautet »Langschläger«. Die englische Umgangs- und Hochsprache kennt übrigens dieses Wort überhaupt nicht. Es gehört zur Golfer-Fachsprache und kann somit zu Missverständnissen führen. Man könnte etwa an das lange Eisen 3 denken oder an den überdimensionierten Besen, mit denen manche Golfer versuchen, den Ball einzulochen.

Gemeint sind aber keine Schläger, auch keine menschlichen, die im Bahnhofsviertel aufräumen, sondern Golfer, die besonders weit schlagen. Sofort denkt der Nicht-Golfer an Recken, die auf den Ball hauen wie ein Holzhauer mit seiner Axt auf den Stamm. Solche Typen gibt es. Klar! Aber die wirklich weiten Schläge sind die Folge eines gekonnten Schwungs. Das »Immer-feste-druff!« interessiert nämlich den Golfball wenig.

Irgendwie glauben Longhitter in ihrem Unterbewusstsein, dass ein weiter Abschlag mehr zähle als ein kurzer Putt. Das Schicksal aber bestraft diese Helden, indem sie deren Schläge oft auf fremde Bahnen lenkt. Sie streuen. Aber auch dafür gibt es einen Ausgleich: Im Unterschied zu den »normalen« Golfern finden dieser »Supergolfer« wieder den Weg zurück.

M wie Mathematiker

Mathematiker sind unberechenbar. Zumindest auf dem Golfplatz. Ständig schwirren Zahlen durch ihre Schädel, selbst wenn sie sich beruflich noch nie mit Numerik beschäftigten, sondern Backenzähne ziehen, Haftpflichtversicherungen für Pudel abschließen oder einstweilige Verfügungen abwehren. Auf dem Golfplatz wandeln sie auf den Spuren von Albert Einstein. Alles ist relativ! Auch der Score!

Aber diese simple Erkenntnis reicht den Golf-Mathematikern nicht aus. Sie zählen Schläge und Punkte, und daraus entwickeln sie sofort Prognosen: »Wenn ich an der 13 ein PAR spiele und an der 14 ein Bogey, dann könnte ich, beim gleichen Ergebnis auf der 15, 16 und 17 wie letzte Woche, auf 38 Punkte kommen, vorausgesetzt, auf der 18 gelingt mir ein PAR.«

Die Rechnung geht aber selten auf. Dennoch quälen sich Golf-Mathematiker in masochistischer Manier mit solchen Zahlenspielereien. Es scheint ihnen sogar Spaß zu machen. Vielleicht können sie's auch nicht anders. Manchmal hat man sogar den Eindruck, dass sie etwas bei den Rechnereien stört: das Golfen.

N wie Naturliebhaber

Sie kennen die Blumen, Sträucher und Bäume, und selbst die Unkräuter und deren lateinische Bezeichnungen sind ihnen nicht fremd. Sie schwärmen davon in den höchsten Tönen, während wir, die normalen Golfer, bei aller Liebe zur Natur von ihr die Nase gestrichen voll haben.

Wir sind nicht in der Lage, uns über die Schönheiten von Palmen, Zypressen und Buchen zu erfreuen, wenn diese sich in die Linie zwischen Ball und Grün stellen. Die Sträucher piecken und stechen uns, nur weil wir ihr Innenleben durch einen kleinen winzigen Ball stören.

Oder die angeblich schönen Gänseblümchen, die von weitem so aussehen, als wären sie unser Ball. Da kann einem doch die Natur gestohlen bleiben. Selbst die »natürlichen« Wasserhindernisse verlieren alle Romantik, wenn man den Ball hineindonnert.

Die Naturliebhaber können sich mit all diesen Schönheiten über Fehlschläge hinwegtrösten. Besser als wir. Vielleicht sollten wir es ihnen nachmachen. Denn die Alternative zur Natur wäre eine grün angepinselte Betonpiste. Aber darauf käme es nie zu einem »schönen Spiel«.

O wie Opas

Opas haben es nicht einfach. Früher haben sie ihren Enkeln beigebracht, wie man eine Sense dengelt, einen Nagel in die Wand haut und einen Fahrradschlauch flickt. Heute zeigen die Enkel ihrem Opa, wie man den DVD-Player und das Foto-Handy bedient und wie man ins Internet kommt.

Die Zeiten haben sich eben geändert. Nicht so auf dem Golfplatz. Dort können Opa und Enkel generationsübergreifend gemeinsam spielen, was ja sehr schön ist. Aber der Opa gibt nur selten den Ton an. Ab dem Alter von 30 Jahren verliert man pro Jahrzehnt 3 bis 5 % seiner Kraft, heißt es, und der Schwung verabschiedet sich auch allmählich.

Klar: »Das kurze Spiel … damit kann man ja einiges ausgleichen …« – Stimmt ja! Aber imponierender ist es schon, wenn ein junger Mensch sein Bag trägt und den Ball über 250 Meter weit schmettert, als ein Opa, der aus seinem Golfwagen klettert, mit seinem Driver zum Abschlag humpelt, um sich dann darüber zu freuen, dass der Ball zwar nicht weit fliegt, aber immerhin Mitte Fairway zum Liegen kommt. Dennoch sind solche Situationen rührend. In welch anderer Sportart als Golf ist so etwas möglich?

P wie Pros

Kein Mensch mag Lehrer. Sie haben morgens Recht und mittags frei. Sie bringen die Kommunalpolitik durcheinander und wissen alles besser. Ganz anders die Golflehrer, eine Mischung aus Vertrauensperson, Berater und Beichtvater in Sachen Golf.

Jeder, der sich auf dem Golfplatz tummelt, hat »seinen« Pro – wie man seinen Friseur, seinen Anwalt und seinen Steuerberater hat. Allerdings arbeiten jene für uns. Für Geld! Das nimmt der Golflehrer zwar auch, aber der Pro nimmt uns keine Arbeit ab. Er spielt nicht für uns Golf, sondern sagt und zeigt uns nur, wie wir das mit dem Golfen machen müssen. Am Anfang bringt er uns das kleine Einmaleins des Golfens bei und führt uns zur Reifeprüfung auf dem Golfplatz. Wenn es danach nicht klappt mit dem Abschlag, den Annäherungsschlägen und den Putts, dann nehmen wir wieder Stunden bei unserem Pro.

Was Pros dann am allerliebsten machen: den Griff umstellen. Das führt dazu, dass wir noch schlechter spielen als zuvor, dass wir noch mehr Stunden nehmen und uns schließlich einen neuen Putter kaufen, wohl wissend, dass der Pro selbst mit einem Besenstil besser puttet als wir mit dem neuesten Schrei auf dem Golfmarkt.

Q wie Quertreiber

Gemeint sind nicht die Bälle, die bei uns Fairway-Schonern quer auf andere Bahnen treiben, sondern jene Spielerinnen und Spieler, die beim Golfen nichts verloren haben: die Mogler und Schummler, die Kritiksüchtigen, die selbst keine Kritik vertragen, jene, die ständig rumschimpfen und meckern, die sich ständig mit ihren Mitspielern streiten und laut werden. Ihr Psychoterror schadet den Nerven der anderen und deren Score.

Bisher wurde noch kein Allheilmittel gegen diese Minderheit gefunden. Ermahnt man sie, dann geht der Streit erst richtig los. Strafpunkte kann man ihnen nicht geben, und disqualifizieren wird schwierig. Man müsste sie dann ja denunzieren. Aber wer macht das schon? Und wenn? Es nutzt nichts. Im Sekretariat kennt man sie, und man übt sich dort in der Akrobatik des Schulterzuckens, wenn der Name des Quertreibers genannt wird. Meistens aus ökonomischen Gründen.

Also: einfach nicht ignorieren und ihnen einen Vorschlag zur Güte machen: Sie sollten Abgeordnete werden und keine Golfer. Im Parlament können sie sich austoben.

R wie Reporter

Sie haben ihren Beruf verfehlt. Und das lassen sie uns büßen. Zu allem geben sie ihren Senf. Der Abschlag an Loch 1 geht in den Wald. Ihr Kommentar: »In den Wald!« – Als ob man das nicht selbst gesehen hätte.

Während man seinen provisorischen Ball ankündigt, heißt es: »Du solltest einen Provisorischen spielen!« Und dann kommt noch der Zusatz: »Falls du den ersten nicht findest!« – Danach die Prophezeiung: »Aber den finden wir.« Was natürlich nicht der Fall ist. Aber das macht den Reportern nichts aus. Sie sind absolut schmerzfrei.

Ihren eigenen Abschlag kommentieren die Reporter mit der Weisheit: »Immer gerade spielen!« Und dann rufen sie: »Ei, wo liegt er denn?« – So geht das über 18 Löcher. Schlagen wir in den Bunker, dann heißt es kurz zuvor: »Ein schöner Schlag!« und dann: »Ach! Den musst du rausschlagen!«

Apropos Schlagen: Darf man solche Mitspieler mit einem Eisen 7 erschlagen? Im Regelbuch habe ich nichts darüber gefunden. Was sieht St. Andrews vor? – Wer kann mir helfen?

S wie Stänkerer

Es gibt sie überall, also auch beim Golf. Zuerst tarnen sie sich als »kritischer Geist«. Doch schon bald kommen einem Zweifel bei dem Wort »Geist«. Sie schimpfen über alles und ersetzen notwendige kritische Analysen durch Schuldzuweisungen. Nicht gegen sich selbst, oh nein, sondern gegen andere: Präsident, Men's Captain und Pro. Sie sind ihrer Meinung nach die Wurzel des Übels: Sie alle sind Schuld an der unmöglichen Startliste und dem Rauchverbot, dem Zustand der Grüns und dem Wetter.

Irgendwann machen es die anderen Golfer wie die Politiker. Sie geben dem Stänkerer ein Pöstchen. Doch dann zeigt sich, dass er maßlos überfordert ist. Er bringt nichts, aber auch gar nichts auf die Reihe. Nichts funktioniert, weder die Organisation noch die Kommunikation. Pleiten, Pech und Pannen.

Bei der Jahreshauptversammlung hält er nicht seinen Mund, sondern eine Rede. Das macht er bei jeder Gelegenheit. Dann endlich tritt er zurück, aber die Stänkerei beginnt von vorne – gegen seinen Nachfolger.

T wie Theoretiker

Sie haben Dutzende von Golf-Büchern, Golf-Videos und DVDs. Sie kennen die Namen aller Golfer, die jemals bei der PGA-Tour dabei waren. Sie wissen aber auch, wie man zu stehen und zu gehen hat, welches der beste Griff beim Putten ist, wer ihn wann, wo und warum erfunden hat. Und die Regeln beherrschen sie wie das kleine Einmaleins.

Selbstverständlich können sie ihr theoretisches Wissen nicht in Selbstgesprächen an den Mann bringen. Sie brauchen Opfer, und die suchen und finden sie. Wobei sie sich darauf verlassen, dass diese höflich zuhören und sogar noch Fragen stellen, damit sie der Theoretiker souverän und mit viel Sachverstand beantworten kann.

Auf dem Platz verzögern sie dadurch das Spiel, und das Clubhaus verwandeln sie innerhalb kürzester Zeit in einen Seminarraum, wobei die Zuhörerzahl zusehends schwindet. So richtig bescheiden werden sie erst, wenn man sie nach ihrem Handicap fragt.

U wie Umweltbewusste

Eigentlich müsste es jeder wissen: Golf ist eine der edelsten Formen der Landschaftspflege. Und die Golfclubs selbst machen aus eigenem Interesse große Anstrengungen, dass ein natürliches Umfeld erhalten bleibt, dass der Golfplatz von Flora und Fauna akzeptiert wird.

Dennoch: Erscheint eine Meldung in der örtlichen Tageszeitung, aus der zu entnehmen ist, dass man einen Golfplatz bauen will, dann mobilisiert das reflexartig die Umweltverbände.

Zum Glück spielen diese Menschen kein Golf. Sie würden uns mit ihrer Kritik die Freude an der schönen Natur nehmen. Andererseits scheint die Umwelt auch den Kampf gegen uns Golfer aufgenommen zu haben. Sie versteckt gekonnt Bälle unter Laub und Sträuchern, legt sie so dicht an den Baumstamm, dass man sich nur noch mit einem Recovery-Schlag retten kann.

Zum Glück kriegen die allzu Umweltbewussten ja nicht mit, mit welcher Fäkalsprache wir manchmal Pflanzen und Bäume bezeichnen. Wahrscheinlich würden sie sich selbst angesprochen fühlen, weil sie sich allzu sehr mit den Pflanzen identifizieren.

V wie Verlierer

Im richtigen Leben haben sie immer gewonnen. Fast immer. Sie haben Firmen aufgebaut, Chefs überholt und Geld gemacht. Und jetzt staken sie wie ein Häufchen Elend durch den Bunker und freuen sich, wenn der zweite Versuch gelingt, den Ball aufs Grün zu bringen. Hauptsache raus! Ein einziges Häufchen Elend!

Klar: Golf macht demütig, und es gibt nicht wenige Menschen in unserer Gesellschaft, denen es nicht schadet, wenn sie mal nicht auf dem Siegertreppchen stehen.

Zum Glück kann Golfen ja auch Spaß machen, selbst wenn man nicht so gut spielt. In einer anderen Sportart hätte man mit diesem Niveau keine Chance. Beim Skifahren wären wir ständig gesundheitlichen Gefahren ausgesetzt, beim Marathon-Lauf würden wir nach ein paar Hundert Metern kapitulieren, und beim Bundesliga-Fußball hätten wir überhaupt keinen Ballkontakt. Beim Golfen aber gelingt selbst einem Anfänger bisweilen ein Schlag oder ein Putt, der selbst für einen Golfprofi schwierig sein könnte. Und das beruhigt und motiviert.

Außerdem kann man sich ja auch mit dem schönen Wetter trösten, dem guten Zustand der Grüns und dem netten Flight.

ZOCKER!
ANFÄNGER!

W wie Weitgereiste

Sie sind die Globalisierung in Person! Wo die schon überall waren! Irre! Die ganze Welt haben sie gesehen, oder besser: alle Golfplätze der Welt. Ihnen kann man nichts erzählen. Aber uns! Und wir können uns nicht wehren.

Schon im Sekretariat erfahren wir von ihnen, dass es in Südafrika viel schneller gegangen sei. Dort haben sie Eindrücke, Vorurteile und Gesprächsstoff gesammelt, und diesem Gemisch aus schlecht formulierten Oberflächlichkeiten sind wir hilflos ausgeliefert – während der gesamten Runde.

Der Abschlag erinnert sie an Shanghai, der erste Bunker an Hawaii. Beides können wir uns zusammenreimen, und wir denken an Hans Albers und Freddy Quinn. Auch die waren mal dort – in ihren Liedern. Musik kann man abstellen, unsere weit gereisten Golfer nicht. Sie erzählen uns, dass es in Florida ballfressende Palmen auf dem Golfplatz gibt. Wer hätte das gedacht! Und die Algarve sei auch nicht mehr das, was sie mal war. Im Unterschied dazu Marbella! Fast wie Florida. Wobei ihnen die internationale Erfahrung überhaupt nichts nützt, wenn es darum geht, den Ball aufs Grün zu chippen.

X wie Xanthippen

Beide Geschlechter haben bekanntlich eine große Gemeinsamkeit: Sie misstrauen den Frauen. Vor allem, wenn diese es einem so leicht machen, seine Vorurteile in korrekte Analysen umzufunktionieren.

Das geschieht schnell, wenn eine Dame sich außergewöhnlich verhält und ein bisschen schnippisch ist. Dann hat man jenen Frauentyp, den bereits Sokrates fürchten musste. Aber der war mit ihr verheiratet, und wir haben das Glück, sie nur auf eine gewisse Distanz wahrnehmen zu müssen.

Xanthippen gibt es überall. Also auch auf dem Golfplatz. Sie werden erkannt und geächtet von Männlein wie Weiblein, wobei beide Geschlechter sehr unterschiedlich über sie reden. Frauen liefern eher Beispiele für das Verhalten von Xanthippen: immer als letzte am Abschlag, zu doll geschminkt, zählt falsch, hochnäsig usw.

Männer hingegen wenden sich den Ursachen zu und werden zu vulgären Psychoanalytikern. Sie vermuten die Ursachen in einem nicht ausgefüllten Sexualleben und schildern diesen Mangel in einer Sprache, die eher auf die Reeperbahn passt als zur Jahreshauptversammlung des Golfclubs.

Y wie Yipser

Die Mediziner wissen es wahrscheinlich genau, wie der Yips funktioniert. Die nicht medizinisch gebildeten Golfer vermuten es. Vor allem die Yipser selbst, denn sie haben schon mehrmals ihre Erfahrungen damit gemacht. Der Ball liegt tot an der Fahne, man will ihn reinschieben, eigentlich kein Problem, aber dann – im letzten Moment – gibt es einen Ruck. Der Yips hat zugeschlagen, und der Ball ist nicht im Loch. Was ist da passiert?

Selbstverständlich sind die Nerven dran Schuld, und die leiden bekanntlich unter allen Menschen und Situationen, die sehr gut in unser Feindbild passen. Die Hauptsache, wir selbst sind keine Täter, sondern Opfer. Also kauft man sich einen langen Putter, weil der gegen den Yips hilft – angeblich oder wirklich.

Das Wort »Yips« kann zu Missverständnissen führen. Man denkt eher an einen Schluckauf oder irgendetwas Witziges. Die »Übersetzung« Nervenkaspar ist wohl eine Anleihe am sehr ernst zu nehmenden Herzkaspar. Wobei der »Kaspar« bleibt. Dessen Lieblingssatz in seinem gleichnamigen Theater gehört zu den Standardformulierungen aller Mens- und Ladies-Captains vor dem Abschlag: »Seid Ihr alle da?«, eine Frage, die auch von den Yipsern positiv beantwortet wird.

Z wie Zocker

Was nutzt das Geld, wenn man's behält? – Überhaupt nichts! Man kann es nicht essen, nicht darin wohnen und noch nicht einmal Golf damit spielen. Also muss man das Geld unter die Leute bringen und bekommt dafür einen Gegenwert in Form von Schniposa (Schnitzel, Pommes und Salat), einer viel zu großen Appartmentwohnung oder eines total überteuerten Green-Fees. Und wenn das alles noch nicht ausreicht, spielt man um Geld. Nicht wie Playing-Pros, bei denen es um Millionen geht, sondern eher wie Kartenspieler.

Jedes Loch ein Euro, heisst es am Abschlag. Man nickt sich zu und weiß sich einig in der Erkenntnis, dass Geld die Welt regiert und dass man dieser Weltregierung nichts entgegensetzen kann und will. Dann schleppt sich das golferische Börsenfieber über die Runde, und danach wechseln Scheine und Münzen ihre Besitzer.

Man kann sehr unterschiedliche Meinung haben über das Zocken beim Golfen. Eins müsste aber klar sein: Irgendwie ist das konsequent – in einer Welt, in der man für Geld fast alles haben kann. Selbst Ausnahmen wie Gesundheit und Erfolg beim Golfen lassen sich damit ein wenig steuern – durch gute Ärzte und gute Golflehrer.

Golfer testen ihr Wissen

– Auflösung –

Die richtigen Antworten

A

1. **Adress** ist das Ansprechen des Balles (b).
2. Ein **Airshot** ist ein Luftschlag (c).
3. **Albatros** bedeutet drei Schläge unter PAR (b).
4. Das **Ansprechen des Balls** ist die Konzentration eines Golfers auf den Schlag, nachdem er seinen Stand eingenommen und seinen Schläger aufgesetzt hat (b).
5. Ein **Approach** ist die Annäherung des Golfballes an das Grün (c).
6. Ein **As** ist ein Abschlag, der direkt ins Loch geht und ein Anlass für eine Runde im Clubhaus (b und c).
7. **Aufteen** bedeutet: den Ball auf das Tee legen (a).
8. **Auslippen** ist der Lauf eines Balls, der nach einer Umrundung des Lochrands außerhalb des Loches zum Liegen kommt (b).
9. **Ausloten** ist das Feststellen des Gefälles, indem man den Putter als Lot benutzt (a).
10. Mit **Ausrichten** bezeichnet man die Einnahme des Standes vor dem Abschlagen und die Durchführung eines Golf-Turniers (b und c).

B

11. **Back nine** sind die zweiten neun Löcher (b).
12. Ein **Backspin** ist ein Rückwärtsdrall (a).
13. Ein **Backswing** ist ein Rückschwung (c).
14. **Bag** ist der englische Ausdruck für Golftasche (b).
15. Eine **Ball-Angel** ist ein Teleskopstab mit einer Vorrichtung, um Bälle aus dem Wasser zu angeln (a).
16. Ein **Ball-Marker** ist ein kleiner Gegenstand, mit dem man die Lage von Bällen markiert (c).
17. Wenn Golfer die Fahne **bedienen**, dann halten sie die Fahne fest, damit sich der Mitspieler an ihr orientieren kann, ziehen sie dann

heraus, nachdem der Mitspieler mit dem Putter seinen Ball berührt hat (a).

18. **Besser legen** bedeutet beim Golfen, den Ball bei bestimmten Bedingungen, nach bestimmten Regeln und ohne Strafschlag in eine bessere Position zu bringen (a).
19. **Birdie** ist ein Loch, das man mit einem Schlag unter PAR abschließt (b).
20. Ein **Birdie-Maker** ist ein Heft mit genauen Angaben über die einzelnen Löcher (c).
21. Ein **Birdie-Pool** ist eine Kasse, in die jeder Spieler einzahlt und aus der Birdie-Spieler einen gewissen Betrag bekommen (b).
22. **Bogey** ist ein Loch, das man mit einem Schlag über PAR abschließt (a).
23. Ein **Break** ist eine Veränderung der Richtung des rollenden Balles durch den unterschiedlichen Wuchs des Grases oder durch eine Unebenheit auf dem Grün (a).
24. **Brutto** ist das Spielergebnis ohne Abzug der Vorgabe (c).
25. Ein **Buggy** ist ein Golfauto (b).
26. Ein **Bunker** ist eine mit Sand gefüllte Mulde auf dem Fairway oder am Grün (b).

C

27. Ein **Caddie** ist ein Golfwagen und ein Träger des Golfbags, der Schläger reicht und manchmal bei der Auswahl der Schläger berät (a und c).
28. **Carry** ist die Fluglänge eines Schlages (b).
29. **Cart** ist ein kleines Golfauto (b).
30. Ein **Chip** ist ein mit dem Putten verwandter Schlag, allerdings mit einem Eisen (b).
31. Ein **Club** ist eine Vereinigung von Golfern und der englische und französische Ausdruck für einen Golfschläger (a und c).
32. Ein **Clubfitter** ist ein Hersteller von Golfschlägern nach Maß (a).
33. Ein **Course** ist ein Golfplatz (b).
34. Ein **Course-Rating** ist die Bemessungsgrundlage für den Schwierigkeitsgrad verschiedener Golfplätze (a).
35. Ein **Cup** ist ein Turnier und der Locheinsatz (a und c).

D

36. Einen Ball »**dead**« zu legen heißt, den Ball so nahe an die Fahne zu legen, dass er mit dem nächsten Putt ohne Schwierigkeiten eingelocht werden kann (b).
37. **Decisions** sind Entscheidungen einer bestimmten Kommission bei Unklarheiten über Regelfälle (a).
38. Ein **Divot** ist ein herausgeschlagenes Stück Rasen (b).
39. Ein **Dog-Leg** ist ein Fairway in der Form eines Hinterbeines eines Hundes (b).
40. Ein **Draw** ist ein Schlag, bei dem der Ball eine leichte Kurve nach links macht (b).
41. Ein **Driver** ist der Schläger mit dem geringsten spezifischen Gewicht und gleichzeitig Holz 1 (a und b).
42. **Droppen** ist das Fallenlassen eines Balls nach bestimmten Regeln (b).

E

43. Einen **Eagle** erzielt man, wenn man bei einem Par 4 nur 2 oder bei einem Par 5 nur 3 Schläge braucht, um den Ball einzulochen (c).
44. Beim Golfen ist **Ehre** das Recht, als Erster abzuschlagen (c).
45. Wenn ein Golfer **Erleichterung** in Anspruch nimmt, legt er ohne Strafschlag den Ball nach bestimmten Regeln in eine bessere Position (b),
46. **Etikette** sind die Benimm-Regeln beim Golfen (b).
47. Einen **Explosionsschlag** führt man durch, um einen Ball aus einer äußerst schwierigen Lage herauszubringen (a).

F

48. **Face** ist die Schlagfläche eines Schlägers (c).
49. Ein **Fade** ist ein Schlag, bei dem der Ball eine leichte Kurve nach rechts macht (a).
50. Das **Fairway** ist die gemähte Spielfläche zwischen Abschlag und Grün (c).

51. **Fairwayhölzer** sind Schläger mit dicken Schlägerköpfen aus Metall, Kunststoff oder Holz (b).
52. **Fett getroffen** bedeutet: Der Schlägerkopf ging zuerst in die Erde und erst dann auf den Ball (a).
53. Ein **Flachmann** ist eine flache Flasche mit Alkohol, die man im Bag mit sich führt (b).
54. **Flag** ist die Fahne auf dem Grün (a).
55. Ein **Flight** ist eine Gruppe von maximal vier Golfern, die gemeinsam eine Runde gehen (c).
56. **Fore** ist ein Warnruf auf dem Platz, bedeutet aber auch »Bitte Ruhe!« bei einer Versammlung von Golfern (a und c).
57. Ein **Free Drop** ist das Fallenlassen eines Balles innerhalb von einer Schlägerlänge ohne Strafschlag (a).
58. **Front nine** sind die ersten 9 Löcher (b).

G

59. **Gallery** ist die Zuschauertribüne (b).
60. Ein **geschlossener Stand** ist eine bestimmte Position beim Abschlagen (b).
61. Ein **Green-Fee** ist die Gebühr, die man bezahlen muss, um auf einem fremden Platz spielen zu können (a).
62. Ein **Green-Keeper** ist der Gärtner eines Golf-Platzes (b).
63. Ein **Grip** ist der Griff (a).
64. **Grooves** sind die Rillen auf der Schlagfläche des Schlägerkopfs, durch die der Backspin zustande kommt (c).
65. **Ground under Repair** heißt Boden in Ausbesserung. Man darf einen dort liegenden Ball straffrei droppen (a).
66. Das **Grün lesen** heißt: die vorgesehene Bahn des Balles nach möglichen Neigungen und Steigungen, Feuchtigkeit und Graswuchs zu überprüfen (a).

H

67. **Handicap** ist das persönliche Spielniveau und die Einstufung der Löcher nach Schwierigkeitsgrad (b und c).
68. Eine **Harke** ist beim Golfen ein Rechen, mit dem man seine Spuren im Bunker entfernt (b).
69. Ein **Hazard** ist ein Zufall (a).
70. Ein **Hole** ist das Loch (b).
71. **Honour** ist das Recht auf den ersten Abschlag (b).
72. Ein **Hook** ist ein Fehlschlag nach links (a).
73. **Hosel** ist das Verbindungsstück zwischen dem Schaft und dem Kopf des Schlägers (a).
74. **Impact** ist der Augenblick, wenn der Schläger auf den Ball trifft (a).
75. **Insert** ist eine Einlage im Schlägerkopf (a).

J

76. Ein **Jigger** ist auf den ersten Blick ein Putter, allerdings mit dem Loft eines Eisen 7 (a).

K

77. Ein **Kanonenstart** ist ein gleichzeitiger Start eines Turniers an mehreren Löchern (b).
78. Das **Kurze Spiel** ist die Summe der Annäherungsschläge und Putts (b).

L

79. Eine **Lady** ist ein Abschlag, der zwischen Herren- und Damenabschlag zur Ruhe kommt, als Folge davon eine Runde im Clubhaus, für eine mögliche Form eines missglückten Abschlages, aber auch die Ehefrau eines Golfers, die selbst nicht spielt, kann eine Lady sein. Andere Damen selbstverständlich auch (a, b und c).

80. **Ladys-Day** ist ein Turnier für Frauen (b).
81. Ein **Leaderboard** ist ein Anschlag mit den Ergebnisses eines Turniers (a).
82. Das **Lederwedge** ist der Fuß (c).
83. **Lie** ist der Winkel zwischen Schaft und Schlägerkopf (a).
84. Beim Golf sind **Links** Golfplätze, die im Dünengelände am Meer liegen (b).
85. Ein **Lob-Wedge** ist ein Golfschläger für kurze und hohe Annäherungsschläge (a).
86. **Local Rules** sind besondere Regelungen für einen bestimmten Platz (c).
87. Ein **Loch** ist der Einsatz, in den der Ball rein muss und das Gebiet zwischen Abschlag und Grün (a und b).
88. **Loch 19** ist das Clublokal (a).
89. **Loft** ist der Neigungswinkel des Schlägerblatts (b).
90. Der **Longest Drive** ist eine Sonderwertung, bei der die Länge des Abschlages zählt und selbstverständlich auch der längste Schlag (a und b).
91. Ein **Longhitter** ist ein Golfer, der sehr weit schlägt (a).

M

92. Ein **Marker** ist ein kleiner Gegenstand, mit dem man die Position des Balles markiert (b).
93. Der **Marshall** ist der Aufpasser während einer Runde (c).
94. Ein **Matchplay** ist ein Lochspiel, bei dem es nur darauf ankommt, Löcher zu gewinnen (b).
95. Ein **Medal-Play** ist ein Zählspiel mit voller Vorgabe (b).
96. Ein **Men's-Day** ist ein spezielles Turnier für Männer (b).
97. Ein **Monatsteller** ist ein monatlich zu vergebender Preis in Form eines Tellers (b).
98. Ein **Mulligan** ist eine nicht in den Regeln vorkommende Wiederholung eines Fehlschlages am 1. Loch (a).

N

99. **Nearest to the Pin** ist eine Sonderwertung, bei der es darauf ankommt, den Ball möglichst nah an die Fahne zu legen (a).
100. Beim Golfen heißt **netto**: Score nach Abzug des Handicaps vom Bruttoergebnis (b).
101. Wenn auf der Ergebnisliste **No Return** steht, dann hat der Golfer das Spiel nicht beendet (c).

O

102. Ein **offener Stand** ist eine bestimmte Standposition beim Schlagen eines Golfballes (b).
103. **Open** heißt: Es können unter bestimmten Voraussetzungen auch andere mitspielen (c).
104. **Out of Bounds** heißt: Der Ball liegt jenseits der weißen Stäbe, ist also im »Aus« (a).
105. Der **Overlapping Grip** ist eine bestimmte Art, den Golfschläger zu halten (a).

P

106. **PAR** ist die Abkürzung für Professional Average Result, und das heißt: durchschnittliches Profi-Ergebnis (a und c).
107. **Penalty** heißt Strafe (a).
108. **PGA** ist die Abkürzung von Professional Golf Association (b).
109. **Pin** ist die Fahne (b).
110. Ein **Pitch** ist ein kurzer, dafür aber hoher Schlag, meistens aufs Grün (a).
111. Eine **Pitch-Gabel** ist ein Golf-Zubehör, mit dem man Aufschlagstellen im Grün repariert (a).
112. Eine **Pitch-Marke** ist das Einschlagloch eines Balles auf dem Grün (b).
113. Ein **Pitching-Wedge** ist ein Eisen für Annäherungsschläge (a).
114. **Platzerlaubnis** ist die Genehmigung, überhaupt spielen zu dürfen (a).

115. **Platzregeln** sind spezielle Regeln für einen speziellen Platz (c).
116. Der **Platzstandard** gibt den Schwierigkeitsgrad des Platzes an, nach dem sich die Spielvorgabe errechnet (c).
117. Ein **Playing-Pro** ist ein Profi-Golfer, der sein Geld mit der Teilnahme an Turnieren verdient (a).
118. Wenn der Ball **plugged** ist, dann liegt er im Matsch (a).
119. **Preisgeld** ist die Siegprämie für Profi-Golfer bei einem Turnier (a).
120. **Pro** ist ein Golfprofi, und als solcher kann er auch ein Golflehrer sein (a und b).
121. Ein **Pro-Shop** ist ein Geschäft für Golf-Kleidung und -Zubehör, das manchmal auch vom Golf-Trainer betrieben wird (c).
122. **Proette** ist ein weiblicher Golfprofi (a).
123. Ein **provisorischer Ball** ist ein Ball, den man spielt, wenn man nicht sicher ist, ob man seinen ersten abgeschlagenen Ball findet (a).
124. Ein **Pull** ist ein nach links verzogener Ball (b).
125. Ein **Punch** ist ein bewusst durchgeführter flacher Schlag (a).
126. Man hat einen **Push** geschlagen, wenn der Ball in gerader Linie nach rechts fliegt (b).
127. Ein **Putt** ist ein Schlag mit dem Putter (a).
128. Ein **Putter** ist ein Schläger zum Putten (b).
129. Unter **putten** versteht man: den Ball mittels eines Putters rollen lassen (a).
130. Das **Putting Grün** ist ein Übungsgrün (b).

R

131. Ein **Rabbit** ist ein Anfänger (a).
132. Wenn man ein **Rangefee** bezahlt hat, darf man alle Einrichtungen eines Golfplatzes außerhalb der Löcher benutzen (b).
133. Ein **Recovery-Schlag** ist ein Schlag aus einem Hindernis (a).
134. Ein **Regenanzug** ist ein Kleidungsstück (b).
135. Ein **Rescue** ist ein Golfschläger (a).
136. **Rough** ist ein grob oder überhaupt nicht geschnittener Teil des Platzes (b).
137. Ein **Rückschwung** ist jener Teil des Schwunges, der rückwärts vom Ball weggeht (a).

138. **Rules** sind Golfregeln (a).
139. Eine **Runde**, das sind mehrere Getränke im Clubhaus, die von einem bezahlt werden, und eine Wanderung über den Golfplatz mit geregelten Spiel-Einlagen (b und c).
140. **Rundenverpflegung** ist der Imbiss für die Golfrunde (a).
141. Der **Ryder Cup** ist ein international angesehenes Profi-Turnier (b).

S

142. **Sand-Wedge** ist ein Eisen für kurze Schläge (a).
143. **Schaft** ist der Holz-, Kunststoff- oder Metallstiel des Schlägers (b).
144. **Schenken** ist beim Golfen der großzügige Verzicht auf die Ausführung des letzten Putts eines Mitspielers (b).
145. **Schirm** ist beim Golfen ein Regenschutz (c).
146. Ein **Schlägerblatt** ist der Teil eines Golfschlägers, mit dem man den Ball schlägt (a).
147. Ein **Schlägersatz** ist die Summe der maximal 14 Schläger, die man auf die Runde mitnehmen darf (a).
148. Der **Schonbereich** ist der Bereich von Stableford-Punkten, innerhalb dessen man sein Handicap weder verbessert noch verschlechtert (b).
149. **Score** ist die Anzahl der Schläge, die man auf der Runde braucht, um den Ball einzulochen, und die Umrechnung von Schlägen auf Stableford-Punkte (a und c).
150. Eine **Scorekarte** ist eine Karte, auf die Golfer ihre Schläge eintragen bzw. eintragen lassen (b).
151. **Scramble** ist beim Golfen eine Turnierform (a).
152. Ein **Scratch-Player** ist ein Spieler mit der Vorgabe 0 (a).
153. Das **Semi-Rough** ist ein Rough, das relativ kurz geschnitten ist (b).
154. Ein **Set of Clubs** ist ein Schlägersatz (b).
155. Ein **Shank** ist ein Fehlschlag, bei dem der Ball an der Stelle zwischen Ferse und Schlägerhals des Schlägerblattes geschlagen wird und dann bei Rechtshändern nach rechts und bei Linkshändern nach links fliegt (b).
156. Ein **Single** ist beim Golfen eine Lochspielart mit zwei Teilnehmern (b).

157. Ein **Sky** ist beim Golfen ein Ball, der in Richtung Himmel fliegt, es aber nicht allzu weit bringt, was die Minderung der Entfernung zwischen Golfer und Fahne betrifft (b).
158. Ein **Slice** ist ein Schlag, bei dem der Ball eine Kurve nach rechts macht (a).
159. Ein **Socket** ist ein viel zu kurzer Schlag nach rechts oder links (b).
160. **Sole** ist die Unterseite des Schlägerkopfes (b).
161. Die **Spielvorgabe** ist jene Vorgabe, die das eigene Handicap (Stammvorgabe) und den Schwierigkeitsgrad des Platzes berücksichtigt (a).
162. Beim Golfen redet man von einem **Spin**, wenn sich der Ball um die eigene Achse dreht (a).
163. Ein Golfer steht **square**, wenn die Verlängerung der Verbindung seiner Fußspitzen beim Ansprechen des Balles in Richtung zum gewünschten Ziel seines Schlags zeigen (b).
164. Wenn Golfer **St. Andrews** erwähnen, denken sie an die Golfregeln (a).
165. **Stableford** war ein englischer Arzt, der das nach ihm benannte Spielsystem erfand (b).
166. **Stance** ist der Stand beim Ansprechen des Balles (a).
167. Beim Golfen bedeutet **SSS** Standard Scratch Score (PAR eines Platzes) (b).
168. Die **Stammvorgabe** ist das Handicap eines Spielers (a).
169. Unter **Stand** versteht man beim Golfen die Art, wie man seine Füße positioniert (b).
170. Der **Starter** ist ein Vertreter des Clubs, der den geordneten Start der Flights überwacht (b)
171. **Startgeld** ist jene Summe, die ein Golfer vor seinem Start zahlen muss (a).
172. **Startzeit** ist die Uhrzeit des 1. Abschlages eines Golfers (c).
173. Ein **Strich** ist beim Golfen ein Zeichen, dass man an einem Loch keinen Punkt erzielt hat (a).
174. Unter einem **Stroke** versteht man einen Schlag (a).
175. Ein **Strokeplay** ist ein Zählspiel (b).
176. Der **Sweetspot** ist der mittlere Bereich der Schlagfläche eines Putters (b).

T

177. Ein **Teaching-Pro** ist ein Golflehrer (b).
178. Ein **Tee** ist ein Abschlag und ein Hölzchen, auf den Golfer beim Abschlag den Ball legen (a und b).
179. Ein **Teeing Ground** ist ein Abschlagsort (b).
180. **Tee-Time** ist die Abschlagszeit (b).
181. **Texas-Scramble** ist ein Mannschaftswettbewerb, bei dem alle Spieler immer den besten Ball spielen (b).
182. **Toe** ist die Schlägerspitze (b).
183. **Toppen** bedeutet: den Ball zu weit oben treffen (b).
184. Der **Treffmoment** ist der Zeitpunkt des Auftreffens des Schlägers auf den Ball (b).
185. Ein **Trolley** ist ein Golfwagen, der von Hand gezogen wird (b).

U

186. Ein Ball ist **unspielbar**, wenn ein Golfer ihn als unspielbar erklärt (b).
187. Ein Spieler **unterspielt** sein Handicap, wenn er mehr als 36 Netto-Punkte hat (a).

V

188. Golfer denken bei dem Wort **Vardon** an den berühmten Golfer Harry Vardon und den von ihm erfundenen Griff (a).
189. Eine **Vorgabe** ist bei einem Stableford-Turnier die Zahl der Schläge, die man aufgrund seines Handicaps und des Schwierigkeitsgrades des Platzes mehr bekommt als ein Scratch-Spieler (a).
190. **Vorgabeklassen** sind Abstufungen von Handicap 0 bis 54, innerhalb derer man sein Handicap unterschiedlich verbessern oder verschlechtern kann (a).
191. Das **Vorgrün** ist das Gras rund ums Grün (b).

W

192. Ein **Waggle** ist eine Wackelbewegung des Golfers, nachdem er in Standposition gegangen ist (a).
193. Ein **Wasserhindernis** ist ein Gelände, das entweder gelb oder rot gesteckt ist (a).
194. Eine **Wedge** ist ein kurzes Eisen für Annäherungsschläge (a).
195. Ein **Wintergrün** ist ein eigens für den Winter geschaffenes Grün außerhalb des eigentlichen Grüns (a).

Y

196. **Yips** ist ein Zucken beim Putten kurz vor dem Berühren des Balles (b).

Z

197. Ein **Zähler** ist ein Mitspieler, der den Score eines anderen zählt (b).
198. Ein **Zählspiel** ist ein Turnier, bei dem man möglichst wenig Schläge brauchen sollte (b).
199. **Zeitweiliges Wasser** ist eine Pfütze, die nicht immer existiert (a).
200. Ein **Zocker** ist ein Golfer, der um Geld spielt (b).

Über den Autor

Zur Jahrtausendwende schenkte ihm seine (wesentlich!) bessere Hälfte ein Eisen 7 und einen Putter. Das war genau der Zeitpunkt, wo man noch alles hätte stoppen können. Aber es kam, wie es kommen musste: im Sommer 2002 das erste Turnier, und heute ist er als »bekennender mittelmäßiger Golfer« Mitglied zweier Golfclubs: Carcassonne (Frankreich) und Maspalomas (Spanien).

Gerhard Bungerts Studium (Soziologie und Psychologie) war ihm für die Arbeit an diesem Buch sicher nicht hinderlich. Ebenso wenig seine 30-jährige Tätigkeit als Kulturmanager, PR-Berater, Mundart-Kabarettist und Autor von über 30 Büchern, mehreren Theaterstücken und Hunderten von Hörfunk- und Fernsehsendungen. Die wichtigsten Auszeichnungen: Saarländischer Verdienstorden und Kurt-Magnus-Preis der ARD (ein Jahr nach Thomas Gottschalk, vier Jahre vor Günther Jauch).

Grabinschrift

Hier ruht der Pitter,
ein Longhitter
und guter Putter.
Ruhe hatter.

Impressum

Umschlaggestaltung von eStudio Calamar unter Verwendung von zwei Illustrationen von Peter Ruge.

Mit acht vierfarbigen und fünf zweifarbigen Illustrationen von Peter Ruge.

Gedruckt auf chlorfrei gebleichtem Papier

Unser gesamtes lieferbares Programm und viele weitere Informationen zu unseren Büchern, Spielen, Experimentierkästen, DVDs, Autoren und Aktivitäten finden Sie unter **www.kosmos.de**

ISBN: 978-3-440-11212-0
Redaktion: Sven Melchert
Produktion: Siegfried Fischer
Printed in the Czech Republic/Imprimé en République Tchèque

Die weltbesten Golfcourses

Chris Santella
Play Golf before you die
224 Seiten, 42 Farbfotos
€ 29,90; €/D 30,80; sFr 53,–
ISBN 978-3-440-10852-9

- Wandeln auf den Pfaden legendärer Tour-Spieler, dabei die anspruchsvollsten Fairways und die Schönheit atemberaubender Golfplatz-Architektur genießen.
- Von Klassikern wie St. Andrews in England über Pebble Beach in Kalifornien bis hin zu unbekannten Perlen wie Cape Kidnappers in Neuseeland.
- Auf diesen Plätzen muss man einmal gespielt haben – und sei es nur im Geiste mit diesem Buch ...

KOSMOS

www.kosmos.de